AI와 아트 아카이브

인공지능총서

인공지능 시대입니다. 기계가 인간의 인지를 대신하고, 사물이 인간을 통하지 않고 다른 사물과 직접 커뮤니케이션합니다. 이에 따른 인간 삶과 문명 변화를 정확히 이해·예측·대응하는 것은 이 시대 우리 모두의 과제입니다. 인공지능총서는 인공지능 기술과 환경의 여러 주제를 10가지 키워드로 정리합니다. 관련 개념과 이론, 학계와 산업계의 쟁점, 우리 일상의 변화를 다룹니다. 인간과 기술의 현재, 미래를 세심히 분석합니다.

일러두기

- 인명, 작품명, 저서명, 개념어 등은 한글과 함께 괄호 안에 해당 국가의 원어를 병기했습니다.
- 외래어 표기는 현행 어문규정의 외래어표기법을 따랐습니다.

처음이세요?

전문가세요?

AI와 아트 아카이브

강지성

대한민국, 서울, 커뮤니케이션북스, 2025

AI와 아트 아카이브

지은이 강지성
펴낸이 박영률

초판 1쇄 펴낸날 2025년 9월 25일

커뮤니케이션북스(주)
출판 등록 2007년 8월 17일 제313-2007-000166호
02880 서울시 성북구 성북로 5-11
전화(02) 7474 001, 팩스(02) 736 5047
commbooks@commbooks.com
www.commbooks.com

ISBN 979-11-430-1330-9 03500

책값은 뒤표지에 표시되어 있습니다.

차례

AI로 도래하는 문화 예술과 아카이브 변혁

인류 역사가 시작되면서, 아카이브는 인류 역사를 지원하는 행위로 셀 수 없이 많은 현장을 기록하는 중이다. 아카이브가 없는 인류 역사는 존재하지 않는다. 아카이브가 없다면 역사를 어떤 방법으로 추적하고 알 수 있을 것이며, 정보와 증거를 어떻게 수집해서 진실을 알아낼 수 있을 것인가? 문명이 시작되고 활자가 만들어진 이후부터 아카이브로 대표하는 기록은 동서양을 가리지 않고 축적되었다. 아카이브는 모든 시대를 담고 있는 정보를 담아 현대인에게 전승되고 있다.

아트 아카이브(Art Archive)는 바로 이 아카이브의 종류 중 하나로서, 시각예술 작가와 연관한 시각예술 기록과 시각예술을 주제로 한 기관의 기록을 의미한다. 이 기록들은 수집을 거쳐 내용을 기술 정리한 후 서고에 담아 보존하고 활용할 가치가 있는 기록들은 전시, 학술, 창작 여러 가지 형태로 재활용하고 있다.

아트 아카이브의 역사는 짧지 않다. 뉴욕현대미술관(MoMA)에서 운영하는 아트 아카이브는 100년 전후의 역사를 가지고 있으며 로스앤젤레스의 게티(Getty) 센터, 영국의 테이트(TATE) 미술관 등의 아트 아카이브도 오랜 역사를 가지고 있다. 그러나 대한민국의 아트 아카이브 도입은 1969년 국립현대미술관이 개관한 이후, 1986년 과천관, 1998년 덕수궁관, 2013년 서울관이 개관한 것을 생각하면 길지 않다. 2000년대 후반 아트 아카이브에 대한 관심이 일어난 이후, 국립현대미술관은 2013년부터 본격적으로 미술연구센터 및 디지털정보실을 만들면서 아카이브 운영을 시작했다. 국립현대미술관 외에 1979년 한국문화 예술진흥원 자료실로 개관한 아르코예술기록원은 2010년 (재)국립예술자료원으로 독립하였으나 2014년 한국문화 예술위원회와 다시 통합한 뒤 아르코예술기록원으로 명칭이 재 변경되어 현재까지 이어지고 있다. 아트 아카이브는 위 두 곳 외에도 유의미한 실적을 거두고 있는 기관들이 존재하고 전국적으로 확산되고 있는 추세다.

아트 아카이브를 수집하고 정리하고 보존하고 다시 활용하는 일은 시간이 지날수록 어려워지고 있다. 대부분 기관들은 부족한 예산과 인력에 허덕이면서 이미 수집한 막대한 아카이브를 자체적으로 해결해야 하는 어려움을 안고 있다. 몇몇 기관 외에는 아트 아카이브를 담당하는 직원 1인으로 구성된 경우가 적지 않다. 이는 상당한 인력과 예산이 요구되는 아카이브 구축에 만만치 않은 환경 조건이다. 담당자들은 아카이브에 대한 지식, 각 기관에 상응하는 문화 예술 지식에 행정을 잘하는 능력, 거기에 디지털 아카이브 구축을 비롯한 디지털 리터러시(Digital Literacy) 능력까지 요구받고 있다. 인공지능의 혁신적인 발전은 아트 아카이브를 넘어 아카이브를 포괄하는 정보 학문에 혁신적인 도구로 급부상하고 있다.

바로 위에서 언급했듯이, 아카이브 발달 과정에 디지털 도입은 매우 중요한 기점이라고 볼 수 있다. 아카이브는 이제 오프라인의 유형 자료 중심에서 온라인 위주의 무형 디지털 자료 중심으로 바뀌었다. 아카이브의 수집부터 정리, 구축하는 과정이 디지털과 어우러지면서 변하기 시작한다. 거의 모든 기관에서 디지털 시스템의 구축 없이는 아카이브를 관리할 수 없는 시대다. 아키비스트는 디지털 관리 시스템 구축이라는 사명을 새로 부여받았으며, 개발자처럼 시스템을 직접 개발할 수 없지만 디지털 관리 시스템 구축에 필요한 모든 지식을 알아야 하는 시대로 접어들었다. 하지만 전문 인력의 양성부터 채용까지 시대의 흐름에 잘 맞춰 따라가고 있는지는 의 구심이 많다.

기록의 디지털화가 진행되면서 인공지능 기술도 점차 디지털화된 아카이브 속에 들어오고 있다. 본 책은 아카이브의 근간부터 시작해서 디지털 도입이 진행된 아트 아카이브의 변화를 살펴보고, 인공지능 기술이 현재의 아카이브에 적용된 사례와 앞으로의 인공지능이 아트 아카이브에 미치는 영향을 조명하고자 한다.

책의 구성

이 책은 아카이브에 대해 간략히 살펴보면서 동시에 인공지능 시대의 아카이브에 대해 조망하는 것이 목적이다. 오늘날은 디지털로 기록의 대부분을 관리하는 사회이며 디지털 기록 관리를 넘어 새로운 세계로 진입하고 있다. 날이 갈수록 변화하는 시대 속의 현장에서 느낀 점과 저자의 연구와 그에 따른 생각을 버무려 정리했다.

아카이브의 개념(1장), 아트 아카이브(2장), 아트 아카이브 사례(3장), 아트 아카이브의 수집과 정리(4장)에서는 아카이브의 이론적 배경과 현황을 전달하는 것에 주력했다. 데이터의 디지털 전환(5장), 아카이브의 디지털 도입과 발전(6장)에서는 아카이브의 혁신과 변모를 기술했다. AI가 창조하는 인공지능 아트(7장)에서는 아트 아카이브의 근간이 되는 시각예술 현장을 중심으로 생성형 인공지능이 창조하는 예술 창작 현황을 살펴보았다. AI가 아카이브에 미치는 영향(8장), 아트 아카이브 저작권과 AI(9장), 아키비스트와 AI 리터러시(10장)에서는 저자의 실제 경험과 접목해서 아카이브에 미치고 있는 인공지능의 영향을 기술했다.

아카이브의 개념

이 책의 근간인 아카이브를 어떻게 설명할 수 있을까? 이 글을 읽는 독자들이 아카이브의 개념을 이해해야만 책에서 설명하는 내용을 이해할 수 있다. 아카이브의 역사부터 개념, 정의, 현황, 특징 등 짧게나마 설명하는 시간을 통해 아카이브가 무엇인지 전달되기를 희망한다.

아트 아카이브

문화 예술계에서 사용하는 아카이브는 주제에 따라 이름이 변한다. 공연예술 자료를 기반으로 하는 아카이브는 '공연예술 아카이브'로 불리고 있으며, 시각예술 자료를 기반으로 하는 아카이브는 '아트 아카이브'로 불리고 있다. 본 단원은 아트 아카이브의 개념과 이에 파생된 쟁점에 대해 설명한다.

아트 아카이브 사례

박물관, 기록관, 도서관 등 문화 예술기관은 디지털 기술 발전을 매개로 디지털 환경에서 수집 정리된 디지털 자료와 관련 자원 정보를 체계적으로 연계 · 조직 · 가공해서 사용자 중심의 활용 방안을 모색하고 있다. 문화 예술 기관에서 시각예술 자료를 기반으로 디지털 아카이빙을 구현하고 있는 사례들을 먼저 살피고자 한다.

아트 아카이브의 수집과 정리

아카이브를 구축하려면 대상 자료를 모으는 수집과 이를 정리해서 가공하는 정리가 수반되어야 한다. 아트 아카이브 기준으로 수집과 정리의 개념을 독자들에게 전달하고자 한다.

데이터의 디지털 전환

디지털 시대를 맞아 이루어지고 있는 각종 정보는 디지털 정보로 전환되면서 정보의 디지털 사회로 나아가고 있다. 데이터의 디지털 전환과 아카이브와의 관계를 서술하고자 한다.

아카이브의 디지털 도입과 발전

아카이브는 디지털과 결합되면서 새로운 전기를 맞는다. 이 장에서는 디지털 아카이브로 나아가고 있는 역사의 흐름과 디지털과 융합해서 풍성해진 아카이브의 활용을 다루도록 하겠다.

AI가 창조하는 인공지능 아트

인공지능은 인간의 도구로서 기능하고 있는 창작 개념을 넘어서, 스스로 창작이 가능하도록 성장하고 있다. 인공지능이 만들어 내는 인공지능 아트가 무엇인지 그리고 인공지능 아트의 현주소를 알아보면서 변화하고 있는 현대 시각예술의 흐름을 조망한다.

AI가 아카이브에 미치는 영향

인공지능은 아카이브에 어떠한 영향을 주고 있는지? 아카이브에 어떠한 혁신을 일으키고 있는지? 아카이브의 구축 과정을 따라서 인공지능과 아카이브의 융합을 정리하고자 한다.

아트 아카이브 저작권과 AI

인공지능이 아트 아카이브의 저작권에 관련한 영향을

살펴보고, 실무적인 측면에서 아트 아카이브 구축에 고려해야 할 사안이 무엇인지 살펴본다.

아키비스트와 AI 리터러시

아트 아카이브를 구축하는 데 적정한 전문 인력은 누구일까? 성장하는 인공지능에 걸맞은 AI 리터러시는 아키비스트가 갖춰야 할 전문 역량이지 않을까? 현장 경험으로 바라보는 AI 리터러시와 디지털 아키비스트의 관계를 조명한다.

인공지능의 발전과 활용은 아카이브에 영향을 줄 것은 분명하고, 긍정적인 부분과 부정적인 영향이 혼재할 것이다. 하지만 시대의 흐름을 거스를 수 없듯이 인공지능은 아카이브를 비롯한 정보 매체 안에 스며들 수밖에 없을 것이다. 이에 따라 어느 순간부터 인공지능의 쓰임이 당연한 시대가 될 것이다. 시대의 흐름을 탈 수밖에 없다면 어떻게 인공지능 기술을 잘 활용하고 긍정적인 영향력을 취할지 종사자들의 고민이 필요한 시점이다. 이 책의 현실적인 분량 때문에 아트 아카이브의 모든 것을 파악하기는 어렵다. 이 책은 어느 연구자의 시선을 통해 아트 아카이브의 개념부터 흐름을 조망하고, 디지털 시대로 접어든 아카이브의 변화 및 인공지능 기술의 활용과 이에 따른 전망을 파악하면서 고민하는 시각을 독자들과 공유하고자 한다. 필자의 저술 의도에 맞게 이 책을 읽는 분들의 생각에 시사점을 주는 작은 이정표가 되기를 희망한다.

01
아카이브의 개념

아카이브는 기억과 증거로서 탐구자들의 길잡이 역할을 하고 있다. 아카이브가 없는 역사는 존재할 수 있을까? 각자에게 아카이브는 어떤 의미로 존재하고 있을까?

기후 위기와 인공지능?

개념과 정의

기록 문자를 가진 고도의 문화권이라면, 당대에 산출된 기억과 경험을 기록으로 남겨 후대에 전하고, 전승된 기록은 후대에 활용되고 축적되어, 또다시 후대에 전하면서 누적적으로 사회와 문화를 발전시켜왔다(황동열, 2007). 무언가를 기록한다는 것은 무언가를 기억하고, 이것을 잊지 않기 위해 기록으로 남기는 것으로, 개인의 기억부터 사회적인 기억까지, 기억의 범위는 공적이고 정치적이면서 동시에 내밀한 사적 기억을 모두 포함한다(이슬비, 2023).

이러한 역할을 담당해 온 기구가 아카이브이며, 시대와 나라에 따라 명칭은 다르지만 각각의 문명에서 유사한 형태의 기관을 체계적으로 가지고 있었다. 아카이브(archive)의 어원은 '기록을 보존하는 기관 혹은 장소'인 라틴어 아르키붐(archivum)에서 비롯되었으며, '통치하다(gouverner)' 혹은 '명령하다(commender)'를 의미하는 아르케(arche-)로부터 유래된 용어다(국가기록원, 2012). 아카이브는 처음에 정부기관, 기록보존소라는 의미를 가지고 있었으나 시간이 지나면서 기록보존소가 가지고 있는 기록물의 의미까지 흡수하였다.

이러한 역할을 담당한 아카이브는 1789년 프랑스 혁

명은 전형적인 근대적 사고(史庫)를 탄생시키면서 아카이브의 역할에 전환점을 가져온다. 프랑스 혁명기에 구체제의 문서 보관과 분류의 체계화가 필요하다는 주장은 행정관들에 의해 먼저 제기되었고 곧 정치인들이 현재와 후대에 전달될 구체제와 혁명의 '기억'을 관리하기 위해서 오늘날까지 프랑스에서 가장 중요한 문서고로 남아있는 국립문서고(Archives nationales)를 설립한 것이 효시다(Kingston, 2011). 프랑스 혁명 정부는 '기억'이라는 범위를 단순한 문서만이 아닌 문화 예술과 과학으로 확대하여 보존했다. 프랑스 혁명 정부와 박물관들이 문화 예술과 과학 분야의 유물 · 유적을 문서고와 유사한 이론적 틀 안에서 관리하고자 한 이유는 이 물질들에 관한 당대 지식인들의 '역사 중심적' 관점으로 접근했던 것이며, 문화는 결코 고고학 · 미술사학의 배타적 관리영역에 속하지 않는다(김민철 · 김한결, 2020). 이 시기부터 아카이브의 분류 체계는 책을 비롯한 각종 문서, 동물의 뼈, 식물 표본, 그림, 조각, 건축물의 파편, 그리고 과학자와 기술자의 '물건'들이 모두 과거와 현재의 서사를 고쳐 쓰는 도구로서 인식된 혁명기에 최초로 근대적인 모습을 지니게 되었다(앞의 글, 2020). 프랑스 혁명의회의 활동을 기록하는 것이 목적이었던 국립문서고의 보존 방식과 체계는 세계로 확대되었다. 1838년 영국의 공공기록법, 1872년 캐나다의 공공아카이브, 1934년 미국의 국립아카이브를 비롯해 세계적으로 아카이브는 확대되고 있다.

아카이브의 기능과 역할은 프랑스 대혁명의 영향으로 폐쇄적, 권위적인 성격에서 개방적, 공공적인 성격으로 확대되었다. 이러한 개방성과 공공성의 확대를 통해 현대의 아카이브 개념에서는 이용객들의 열람을 통한 아카이브의 보편적인 공공서비스 수행을 요구받고 있다(전홍필, 2009). 21세기 이후 정보기술 발전이 다양해지고 시시각각 변화하면서 아카이브의 관리 방법 역시 예술품을 디지털 객체로 변환하여 이용자에게 다가가고 있다. 따라서 기록관리 체제의 전반적인 기조가 "기록과 보존"보다는 "접근과 공유"로 패러다임이 변화하였음을 직시하고, 디지털화된 예술 문화 기록의 다양한 활용 방안과 더불어 적극적으로 이용자 중심의 서비스에 대한 새로운 운영 방안들을 모색해야 한다(정혜린 · 김익한, 2009).

19세기 독일의 역사학자 랑케(Leopold van Ranke)는 아카이브를 객관적 증거의 보관소로 보는 관점을 지녔으며, 그가 새롭게 정립한 역사주의는 과거를 "있었던 그대로" 재현하는 역사 서술을 목표로 하였으며 역사가의 주관을 배제한 사료의 분석을 중요시했다(지가은, 2021).

자크 데리다(Jacques Derrida)는 아카이브가 집정관 권력(권한을 위탁받은 권력)의 계승자이고, 국가 권력의 설립부터 아카이브의 열기(the fever of archives)와 관련된다고 했다(Steedman, 2001). 보다 직접적인 의미가 후대에 전달된 아카이브의 개념은 라틴어 아르키붐으로 "영구히 보존할 가치가 있는 기록 자료를 체계적으로 보존하는 장소 또는 기관"을 의미한다(한미경 · 노영희, 2011). 그의 저서 『아카이브 열병(Archive Fever)』은 "어떠한 정치권력도 아카이브의 통제 없이는 존재할 수 없다. 효과적인 민주화는 언제나 아카이브의 구성과 아카이브에 대한 해석에 참여하고 이에 접근할 수 있는가의 기준에 따라 측정된다"고 통찰했다(Derrida, 1996). 즉, 아카이브가 특정한 세력에 의해 휘둘릴 수 있음을 비판하고 아카이브의 지향점은 개방성과 누구든지 접근할 수 있는 접근성임을 중시했다.

1979년 프랑스는 "시대 형태, 기록 매체에 상관없이 그들 활동을 수행함에 있어 개인이나 기관에 의해 그리고 공적이거나 사적인 모든 업무나 기구에 의해 생산된 공적 기록물의 집합체다. 이 기록물의 보존은 개인이건 기관이건, 공적이건 사적이건 인간의 관리와 정당화를 위한, 그리고 또한 연구의 역사적 문서 정리를 위한 공적인 관심사에 의해 조직된다"는 법적인 정의를 최초로 정리했다(이희재, 2004). 참고와 연구 목적으로서 아카이브는 영구 보존의 가치를 가진다고 판단하고, 기관에 의해 위탁하거나 위탁을 위해 선별한 모든 공적이거나 사적인 기관의 기록들로 정의했다(Shellenberg, eodore R, 1956/2002).

대한민국은 2000년부터 시행하기 시작한 「공공기관의 기록물관리에 관한 법률」로 국가의 모든 기록을 생산부터 보존 · 관리, 평가 등에 까지 전자기록 환경에서 이루어질 수 있는 제도적 기반을 마련했다(국가기록원, 2007). 행정안전부 소속의 국가기록원이 대한민국의 행정기록 관리와 국가기록물 관리를 전반적으로 총괄하고 있다. 문화 예술 관련 기관으로는 국립중앙박물관, 국립극장, 국립현대미술관, 한국영상자료원을 비롯한 다양한 기관에서 독자적인 아카이브를 구축하고 있다. 기록관리를 할 수 있는 전문가 양성은 명지대, 부산대, 서울대, 이화여대, 인천대, 중앙대, 충남대, 한국외대, 한양대를 비롯한 전국 대학원에 기록관리학과들이 개설되어 전문가를 배양하고 있다. 아카이브에 대한 전문적인 학회들도 조직되어 활동하고 있는데, 우리나라에서는 대표적으로 '기록학 연구', '한국기록관리학회지'가 활발히 활동을 전개하고 있다.

특성과 기능

일반 아카이브와 문화 예술에 쓰이는 아카이브는 엄연히 다른 특성을 가지고 있다. 아카이브의 특성에 따라 순수 아카이브, 일반 아카이브, 뮤지엄 아카이브로 나뉜다(김시덕, 2014). 순수 및 일반 아카이브의 특성 비교에서 가장 큰 차이점은 목적의 여하에 따른 차이다. 순수 아카이브는 주로 기관의 행정 활동에서 생산된 기록 자료를 뜻한다면, 일반 아카이브는 더 나아가 기관이 목적을 가지고 구축하는 아카이브다. 두 아카이브의 특성을 차례대로 비교해 보자.

순수 아카이브의 목적과 기능은 공적 · 사적으로 생산한 기록물의 수집, 보존, 조사 연구, 교육 서비스를 맡는다. 소장 대상은 공적 · 사적으로 명확한 원본과 순서대로 생산, 수집, 보존한 영구 기록물, 지속가능한 가치를 인정하는 다양한 매체의 기록물들이다. 자료의 성격은 원본성, 기록 가치, 정보 가치, 증거 가치, 책임성, 명확한 생산 순서를 가지고 있다. 수집 방법으로는 구입, 수증, 유증, 이관, 기탁 등이 있다. 평가 기준은 맥락을 가지고 있으면서 출처가 명확한 진본성, 신뢰성, 무결성, 이용 가능성이 있는 기록물, 증거물로서의 가치를 추구한다.

일반 아카이브의 목적과 기능은 연구소, 자료 센터 등 해당 목적에 부합하는 자료의 수집, 보존, 조사 연구, 교육 서비스를 맡는다. 소장 대상은 해당 목적에 부합하는 유무형의 자료, 유물 자료, 디지털 자료, 복제(복사)자료 등이다. 자료 성격은 해당 목적에 부합하는 유물 자료, 사료, 증거물, 정보 가치, 단편적 자료 등 보편화된 자료, 복제(복사) 자료의 성격을 가지고 있다. 수집 방법은 구입, 수증, 이관, 자체 생산 등 다양하다. 평가 기준은 목적 수행에 필요한 다양한 출처 정보로서 가치를 가지고 수행한다.

또한 기록학에서 아카이브의 구분은 아카이브와 매뉴스크립트(manuscript)로 구분하기도 한다. 아카이브는 기관에서 진행하는 업무에 따라 생성되는 기록 집합체를 의미한다. 매뉴스크립트는 반대로 처음부터 목적과 주제를 가지고 수집한 기록을 의미한다. 즉, 일정한 출처로부터 체계적으로 이관되는 기관의 보존 기록과 구분하기 위한 개념으로, 수집자가 어떤 주제나 목적에 따라 다양한 출처로부터 수집한 기록이다. 쉽게 말해서 어떤 특정한 목적과 주제를 가진 시설의 기록은 매뉴스크립트라 할 수 있으며 우리가 다루는 문화 예술 기관의 아트 아카이브는 매뉴스크립트로 구분할 수 있을 것이다.

아카이브는 일정한 생애 주기를 가지고 있고, 생산 목적의 활용 여부에 따라 현용, 준현용, 비현용 기록으로 구분할 수 있다. 현용 기록은 기관이나 조직에서 현재 종결되지 않은 업무를 수행하는 데 사용하는 기록으로 해당 업무 수행 부서에서 관리하는 기록이다. 준현용 기록은 해당 업무가 종결된 후 참고 자료로 관리하는 기록으로 조직 전체의 기록관리시스템에서 관리한다. 비현용 기록은 완전히 업무가 종결되어 보존 단계로 넘어가서 편철까지 된 기록을 의미하며, 차후 가치 평가 심의를 거쳐 기록 보존소나 국가기록원 등으로 이관된다.

아카이브의 특징은 기록이 담고 있는 정보를 뜻하는 내용, 내용이 표현하는 형식을 뜻하는 구조, 누가 왜 이런 기록을 만들었는지 표현하고 증명하는 맥락을 가지고 있다. 아카이브의 가치는 여러 가지가 있지만 매우 중요한 가치는 역사에서 기억과 증거로서 역할이다. 이는 사료의 역할과 비슷한데 예를 들어 한국 현대사의 비극인 '제주 4.3사건'에서도 생존자들의 구술 아카이브가 진상을 규명하는 데 매우 큰 역할을 하였다. 아카이브가 가진 기억과 증거로서 기능에 내용, 구조, 맥락이 갖추어 있지 않으면 아카이브로 보지 않는다. 내용, 구조, 맥락이 서로 갖추고 있어야 아카이브의 증거적 가치를 더욱 신뢰할 수 있게 되며 이를 토대로 다양한 활용을 할 수 있다.

아카이브의 기초적이면서 일반적인 개념부터 들어간다면, 문화 예술 즉 뮤지엄, 공연예술, 시각예술 등 다양한 문화 예술에 쓰이는 아카이브의 방법론은 또 달라진다. 다음 장에서 살펴보겠다.

참고문헌

국가기록원(2007). "알기쉬운 공공기록물 관리에 관한 법령 해설집".

김민철·김한결(2020). "분류하고 저장하고 기억하기: 프랑스혁명과 아카이브". 《역사학보》, 245, 373~407쪽.

김시덕(2014). "박물관 교육과 박물관형 아카이브". 《한국박물관교육학회 제28회 정기학술대회자료집》, 43~59쪽.

이슬비(2023). "아카이브에 내재한 원-폭력의 힘: 데리다의 '아카이브 열병'을 중심으로". 《미학예술학연구》, 70, 34~51쪽.

지가은(2022). "뮤지엄 아카이브의 참여형 디지털 플랫폼과 교육적 기능: 테이트의 '아카이브와 액세스 프로젝트(2013-2017)'

사례를 중심으로". 《문화 예술경영학연구》, 15(3), 141~161쪽.

황동열(2007). "예술아카이브의 현황과 도입방안 연구". 《무용역사기록학》, 12, 177~215쪽.

Derrida, J.(1996). *Archive fever: A freudian impression.* In Prenowitz, E.(trans.). University of Chicago Press.

Kingston, R.(2011). The French Revolution and the Materiality of the Modern Archive. *Libraries & the Cultural Record, 46*(1), pp.1~25.

Shellenberg, T. R.(1956). *Modern Archives-Principles and Techniques.* 이인영 옮김(2002). 《현대기록학개론》. 진리탐구.

02
아트 아카이브

작가들의 삶은 오묘하면서 신비스러운 구석이 많다. 그들의 삶을 가장 잘 알려주는 자료가 바로 아트 아카이브다. 아트 아카이브는 작가 생애의 모든 것을 담아냄과 동시에 또 다른 예술 작품으로, 활용의 아이템으로 기능할 수 있다.

노래하는 AI 보컬?

아트 아카이브 개념

포스트모던 시기로 접어들면서 아카이브의 대상과 범주가 다양해지면서 형태도 세분화 · 전문화되었는데, 그중 하나가 아트 아카이브(art archive)다(지가은, 2021). '아트 아카이브'는 문학, 영화, 연극, 음악 등 예술적 표현과 관련된 기록을 다룬다(장대환 · 김익한, 2018). 아트 아카이브에서 다루는 시각예술은 기존의 미술이란 단어를 확장해서 사용하는 단어다(국립예술기록원, 2012). 아트 아카이브는 시각예술과 마찬가지로 전통적인 회화, 조각, 건축뿐만 아니라 사진, 영화, 디자인, 이벤트, 퍼포먼스, 비디오 아트 등 시대의 흐름에 따라 추가되는 넓은 영역들을 포함하고 있다(한국문학평론가협회, 2018).

박물관 및 미술관 진흥법 제1장 제2조는 "미술관"이란 문화 · 예술의 발전과 일반 공중의 문화 향유 및 평생 교육 증진에 이바지하기 위하여 박물관 중에서 특히 서화 · 조각 · 공예 · 건축 · 사진 등 미술에 관한 자료를 수집 · 관리 · 보존 · 조사 · 연구 · 전시 · 교육하는 시설, "미술관 자료"란 미술관이 수집 · 관리 · 보존 · 조사 · 연구 · 전시하는 예술에 관한 자료로서 학문적 · 예술적 가치가 있는 자료를 말한다(박물관 및 미술관 진흥법, 2025). 미술관이 다루는 자료는 세부적으로 소장품, 아카이브 등 다양하지만 법률적으로는 모두 '자료'로 총칭하고 있다. 국립현대미술관 미술 아카이브 운영 규정 제2조 제2항의 "미술 자료"는 미술관계 전문 도서, 연속간행물, 학위논문집, 브로슈어, 리플릿, 포스터, 사진, 행정자료, 미술 관련 기사 등의 인쇄물 자료와 필름, 슬라이드, 테이프, 비디오, 음반 등의 시청각 자료, CD-ROM, 온라인 자료 등 전자 매체 자료, 미술인의 생애 및 미술작품의 창작과 관련된 작가의 서신, 일기, 문서, 드로잉, 메모 등을 통칭한다.

아트 아카이브의 개념을 검토했을 때 법률적인 개념은 기관 규정을 비롯한 하위 법령은 존재하나, 상위 법령은 확실히 정의하지 않은 상황이다. 아트 아카이브의 개념을 정확히 파악하기 위해 이루어진 선행 연구들을 파악하는 것이 필요하다. 본 연구에 사용하는 아트 아카이브의 개념은 '아카이브'에 속하면서 시각예술 혹은 미술을 전문적으로 다루는 아카이브다.

아트 아카이브는 제도 아카이브와 달리 모기관을 두지 않거나, 또는 모기관의 업무 기록을 주 관리 대상으로 하지 않는 대신, 특정한 주제를 바탕으로 기록을 광범위하게 수집하는 수집형(collective), 또는 매뉴스크립트 보존소(manuscript repository)를 뜻하는 주제 아카이브에 속한다고 볼 수 있다. 황동열(2007)은 아트 아카이브를 예술 관련 기관에서 생산되거나 혹은 예술과 관련된 가치 있는 기록을 수집, 평가, 분류, 보존하여 유용한 정보로 제공하는 기관 또는 기록을 의미한다. 아트 아카이브를 통해 예술 문화의 정체성 확립, 예술 관련 기관의 효율적 운영, 연구 자원 제공에 따른 학제 간 연구 활성화 등을 꾀할 수 있어, 아트 아카이브에 관심이 증가하고 예술 기록에 관한 필요성이 대두되었다. 그리고 아트 아카이브는 예술 작품의 이해를 돕기 위한 정보 가치와 예술 및 예술 작품을 증거 할 수 있는 가치를 가지고, 미적 가치를 가지는 예술 작품과의 차이를 구분할 수 있다(김지아, 2022).

아트 아카이브, 미술 도서관, 미술관의 개념은 근본적으로 가치 있는 자료를 수집하고 분류를 통해 체계화하고, 영구히 보존하고, 유용한 정보와 지식으로 만들어 일반에게 제공하는 서비스를 담당한다는 공통점이 있다(김기현, 2000). 다른 점은 수집하는 자료와 조직화되는 방법의 차이라고 정의하고 있다(정명주, 2006).

아트 아카이브, 미술 도서관, 미술관의 공통점은 시각예술 관련 자료를 관리하고 보존한다. 시각예술 관련 자료를 수집해서 다시 재가공해서 열람, 대여, 전시 등 서비스를 하는 공통점이 있다. 하지만 자료의 성격, 업무 담당자, 분류, 기술에서 차이점을 보인다. 아트 아카이브는 아키비스트가 시각예술 기록을 상대로 출처 존중 및 원질서 존중 원칙에 따라 단위 기록의 집합체를 기술한다. 미술 도서관은 사서 중심의 기관으로 십진 분류체계를 사용하고 소장물 각각에 대해 개별적으로 기술한다. 미술관은 주로 작품과 그와 관계된 행위, 자료를 큐레이터가 다루면서 시대, 주제, 작가, 재료에 따라 개별적으로 자료를 기술하고 다시 작품 전시를 비롯한 예술적 가치를 관람객에게 선보인다. 세 기관은 유사성이 많다고 할 수 있으나 상기한 차이점으로 인해 개별로 운영할 수밖에 없다. 그러나 이용자 요구에 부응하여 도서관, 기록관, 박물관이 협력하거나 통합되어 서비스되는 다양한 사례들이 나타나기 시작했으며, 각 기관의 자원 및 서비스의 통합 필요성이 제기되고 있다(김미연, 2016). 국내에서는 도서관, 기록관, 박물관의 영문명을 합성한 라키비움(larchiveum)이라는 용어로 정의한다.

아트 아카이브와 별개로 '아카이브 아트(archival art)'라는 시각예술 장르가 존재한다. 수집, 보존, 활용 대상이던 아카이브와 방법론을 활용해서 아카이브를 시각예술 작품으로서 전시하고 활용하는 예술 장르다. 아카이브를 기록으로서만 아닌 독자적인 예술로 승화시키는 행위는 아카이브가 수집 보존으로 대변되는 수동적 형태에서 작품으로 기능하는 능동적 산물로서 활용 효과를 더욱 높여준다. 미술관에서 작가의 삶을 조망하는 전시에 작가의 기록이 더 이상 빠지기 어려운 추세처럼, 아카이브를 통해 시각예술의 새로운 의미를 찾는 기획자들이 예술과 함께 가는 아카이브를 연구하고 있다.

아트 아카이브의 쟁점

시각예술은 작가 중심으로 실행되면서 자료의 생산자는 작가만이 아닌 전시 기획자, 예술가, 작품 소장자, 큐레이터, 언론, 평론가 등이 있다(김이경, 2011). 아트 아카이브는 작가가 생산하는 모든 정보를 포괄하는 특성으로 작가의 작품 활동에 대한 증거적 기능으로서(맹홍균 · 김연희, 2018), 작가의 화업 정리, 미술사 연구, 위작 분별 등에 활용 용도를 제공한다(강지성 · 권지연, 2024). 아트 아카이브의 범위와 자료 수집 방안에서 쟁점은 아트 아카이브에 작가의 '작품'을 포함시켜야 할지에 대한 판단으로서 이에 대한 다양한 의견이 존재한다.

아트 아카이브에 작품이 포함되는 것을 찬성하는 의견은 다음과 같다.

이호신(2008)은 예술 작품의 생산과 유통 과정에서 생성되는 자료는 다양한 유형을 아우르며 예술 활동의 가장 궁극적인 결과물로 생산되는 자료는 예술 작품 그 자체이고 예술 작품의 해석을 뒷받침하거나 보완하기 위한 다양한 부수적인 자료가 함께 생산되거나 활용된다고 주장했다.

김철효(2009)는 아트 아카이브는 유일무이한 원본성을 가지면서 동시에 준(準)작품적 성격을 띠며, 작품과의 밀접한 연관성 및 다양한 매체로 구성된 컬렉션이라는 특수성을 갖는다는 의견을 제시했다.

정혜린(2009)은 미술 기록은 창작자와 창작자 집단이 미술 창작 행위를 하는 과정과 결과로 생산된 것 모두와 미술 관련 조직이 수행하는 미술 활동의 과정과 결과로 생산된 것 모두를 포괄하는 개념 아래 창작자와 창작 집단, 그리고 미술 관련 조직이 수행하는 미술 창작 행위 및 기타 행위의 과정과 결과로 생산된, 작품을 포함하는 모든 객체로 정의하였다.

김달진(2012)은 한국 미술 아카이브의 분포 상황을 조사하면서 아트 아카이브의 자료 수집 범위에 작품을 포함시켜 조사하였고, 작품은 가장 중요한 예술 기록이라고 주장하였다. 이에 따라 시각예술 아카이빙에 기본

항목으로 작품과 이하 제목 · 제작년도 · 크기 · 재료 · 소장처 등을 제안했다.

맹홍균 · 김연희(2018)는 시각예술 중심의 아트 아카이브는 여타 아카이브와는 다르게 작품의 진위 여부 판단과 같은 경제적 가치 측정이라는 실질적인 근거 마련을 위한 카탈로그 레조네(Catalogue Raisonne)의 형태로서 가치 범위를 확대하였으며, 작가의 활동에 따른 작품은 아트 아카이브에 포함된다고 보았다.

반면 아트 아카이브에 작품이 포함되는 것을 반대하는 의견은 다음과 같다.

정명주(2006)는 아트 아카이브는 미술 작품을 보충하여 미술의 역사를 엮어 나갈 정보와 증빙 가치를 갖는 원본 기록물을 보존하면서, 우리 주변의 미술과 관련된 각종 사건과 사실, 미술인과 그 주변 인물들에 관해 기록한 정보들을 일컫는다. 하지만 미술 작품은 시각적인 감상의 대상이지 기록물처럼 정보성에 집중한 것은 아니라서 아카이브의 범주에 포함되지 않는다고 주장하였다.

박상애(2014)는 작품이 시각적 감상의 대상이라는 점 이외에도 작품이 지니는 속성과 가치는 아카이브가 지니는 그것들과 분명한 차이를 가지고 있으며, 작품 수집은 별도로 규정된 전통적 미술관의 업무라는 점을 고려하면, 작품을 아트 아카이브 대상에서 제외해야 한다고 볼 수 있다. 이러한 맥락에서 미술관의 수집 정책에 따라 작품으로 분류하여 수집하는 대상은 아카이브의 범위에서 제외하는 것을 제안하였다.

조은성(2023)은 '서울시립미술 아카이브'의 조성 과정에서 미술 아카이브에 예술 작품을 제외했다고 밝혔다. 작품과 아카이브가 동일한 관점에서 생산 및 수집되지 않았고, 위계가 분명하다는 것이다. 또한 작품과 아카이브를 소비 및 유통하는 단체들에서도 아카이브가 작품을 포섭하는 범주로 이해하지 않는 현실을 지적했다.

이상의 선행 연구를 종합하면, 아트 아카이브의 범위에 포함되는 자료 개념은 첫째, 미술 관련 조직이 수행하는 미술 관련 활동의 과정과 결과로 생산되는 자료, 둘째, 작가를 비롯한 창작자 혹은 창작자 집단이 미술 작품을 만들면서 경험하는 과정, 결과, 전시 · 출판 등 사후 활용까지 포괄하는 관련 생산 자료로 정의할 수 있다. 현재 국립현대미술관, 서울시립미술관을 비롯한 미술관들은 아트 아카이브의 범주를 작품 및 소장품 외의 자료로 구분하고 있다. 그래서 이 책에서 사용하는 아트 아카이브의 범주도 이에 맞춰 설정했다.

참고문헌

"박물관 및 미술관 진흥법". https://law.go.kr/LSW/lsInfoP.do?lsId=000824&ancYnChk=0#0000

강지성·권지연(2024). "(재)예술경영지원센터의 원로작가 디지털 아카이빙 지원사업 개선 방안 고찰". 《박물관학보》, 48, 195~224쪽.

김기현(2000). "아트 아카이브(art archives)의 국내도입을 위한 연구". 중앙대학교 예술대학원 석사학위 논문.

김달진(2012). "한국 미술 아카이브의 분포 상황 및 수집 여건과 과제: 김달진미술 자료박물관을 중심으로". 《한국근현대미술사학》, 24, 241~284쪽.

김미연(2016). "공공도서관 사서의 라키비움에 대한 인식 연구: 인천광역시를 중심으로". 인천대학교 대학원 석사학위 논문.

김이경(2011). 《예술기록관리 현황분석 및 발전방안 연구》. 한국문화관광연구원.

김지아(2022). "예술기록에 관한 분류·기술 사례 연구: 서울시립 미술 아카이브를 중심으로". 《기록학연구》, 74, 79~118쪽.

김철효(2009). "국내 미술 아카이브(Art Archives) 설립 시도 사례". 《서울대학교 조형연구소》, 1, 93~116쪽.

맹홍균·김연희(2018). "시각예술 아카이브 발전방안 연구". 《디지털예술공학멀티미디어논문지》, 5(2), 165~174쪽.

박상애(2014). "미술관 아카이브와 교육". 《박물관교육연구》, 11, 11~31쪽.

이호신(2008). "아르코예술정보관의 운영 현황과 발전방향". 《시각예술 분야 아카이브 현황 및 활용방안 연구(2008 시각예술포럼 'art archives')》.

정명주(2006). "아트 아카이브(art archives)에 관한 연구".

명지대학교 기록과학대학원 석사학위 논문.
정혜린·김익한(2009). “미술 아카이브의 미술기록관리 방안 연구”. 《기록학연구》, 20, 151~212쪽.
조은성(2023). “국내 아트아카이브의 발전을 위한 과제 모색: 서울시립 미술 아카이브의 조성과정을 중심으로”. 《기록학연구》, 75, 213~248쪽.
지가은(2022). “뮤지엄 아카이브의 참여형 디지털 플랫폼과 교육적 기능: 테이트의 ‘아카이브와 엑세스 프로젝트(2013-2017)’ 사례를 중심으로”. 《문화 예술경영학연구》, 15(3), 141~161쪽.
한국문학평론가협회(2018). 《인문학 용어 대사전》. 국학자료원.
황동열(2007). “예술아카이브의 현황과 도입방안 연구”. 《무용역사기록학》, 12, 177~215쪽.

03
아트 아카이브 사례

예술을 다루는 기관들은 아카이브를 어떻게 구축하고 활용할지에 대한 고민을 가지고 있을 것이다. 대한민국과 외국의 아카이브를 구축하고 있는 기관들은 고유한 특성과 자료를 이용해서 그들 나름대로 구축에 힘쓰고 있다.

인공지능과 편향?

국내 아트 아카이브 사례

국립현대미술관 미술 아카이브

2013년 10월 국립현대미술관은 과천미술연구센터를 설립해서 한국 및 아시아 근현대 미술의 이해와 연구를 목적으로 미술 자료의 관리·보존, 연구, 미술 활동 서비스를 시행하고 있다. 2014년 2월 미술 애호가와 대중에게 다양한 미술 정보를 제공하기 위한 국립현대미술관 서울관에 디지털정보실을 개소해서 미술 자료의 수집·관리·보존, 디지털 자료 및 원본 자료 열람 서비스, 아카이브 전시 등을 수행한다. 같은 시기 미술 아카이브도 국립현대미술관 서울관에 개소해서 한국 근현대미술가들의 스케치, 드로잉, 작가노트, 사진, 편지, 브로슈어 등 미술 자료 및 미술관의 주요 활동(전시, 교육, 연구 등)과 관련되어 생산된 자료를 소장하고 있으며, 정리·기술이 완료된 자료에 한해 열람 서비스를 실물 아카이브와 디지털 아카이브 두 가지 형태로 시행하고 있다. 2019년 12월 국립현대미술관 청주관에 라키비움을 개소해서 미술 자료 서비스와 아카이브 관련 프로젝트 등을 추진하고 있다(국립현대미술관 도서와 아카이브, 2025).

국립현대미술관의 미술연구센터를 위시한 미술 아카

이브는 2024년 12월 기준, 소장품자료관리과에서 총괄하고 있으며, 청주관의 라키비움은 청주관 운영부 학예연구팀에서 관리하고 있다. 운영 인력은 학예연구사, 공무직 연구원, 사서 등의 전문 인력으로 운용하고 있는 상황이다(국립현대미술관 조직도, 2025). 미술 아카이브는 다른 정보 영역과 달리 국립현대미술관이나 특정한 인물이나 단체가 수행한 활동의 구체적인 맥락과 변화의 양상을 파악하기 위한 정보를 제공한다는 점에서 차별화된 역할을 수행한다(이호신, 2018). 국립현대미술관은 미술관 자료와 특수 자료 컬렉션으로 미술 아카이브를 구분하여 관리하고 있다. 특수 자료 컬렉션은 미술관 외부의 인사들이 수집하여 기증한 기록을 바탕으로 하고 있으며, 미술관 자료는 국립현대미술관이 직접 수행한 활동의 과정에서 생산된 각종 기록물을 관리하는 것이다(앞의 글, 2018). 국립현대미술관의 주요 작가, 작품 사조 등과 관련한 기증받은 미술 기증 자료 컬렉션은 각각 '김복기 컬렉션', '권진규 컬렉션', '최열 컬렉션' 등 이름으로 관리하고 있다(국립현대미술관 연보, 2012).

국립현대미술관 미술 아카이브의 분류 체계는 필수 레벨과 선택 레벨을 설정해서 계층별로 분류한다. 필수 레벨은 컬렉션 · 시리즈 · 아이템으로 구성되며, 선택 레벨은 하위 시리즈 · 프로젝트 · 컴포넌트 단위로 구성한다.

서울시립미술관 서울미술 아카이브

2023년 4월 4일, 종로구 평창동에 개관한 서울시립미술관의 신규 분관인 서울시립 미술 아카이브는 현대미술의 자료를 수집, 보존, 연구, 전시하는 국공립 최초의 아카이브 전문 미술관이다(김지아, 2023). 미술 아카이브는 주요 프로그램에 따라 총 세 개 동으로 구성됐다. 모음동은 미술 아카이브의 핵심 기능인 보존과 연구, 전시를 위한 공간이다. 1층과 2층에는 전시실과 레퍼런스 라이브러리가 자리하고, 3층에는 기록을 열람하는 리서치랩, 2층부터 4층까지는 보존 서고가 마련됐다. 미술 도서를 자유롭게 열람할 수 있는 레퍼런스 라이브러리는 국내외에서 출판된 미술 도서를 소장하고 있다. 리서치랩은 미술 아카이브에서 소장 중인 컬렉션 가운데 아카이빙 공정을 완료한 건을 대상으로 원본 열람 서비스를 제공한다. 배움동에서는 다양한 교육 프로그램이, 나눔동에서는 각종 학술 행사와 공연 등 공공 프로그램이 진행된다(앞의 글, 2023).

서울시립미술 아카이브는 작품이 완성되기 전까지 작가의 아이디어가 형성 · 발전되는 과정과 제작 의도, 제작 당시 상황을 생생하게 담고 있는 다양한 자료를 통해 작품을 보다 깊이있게 감상할 수 있는 기회를 제공하기 위해 작가 노트, 미완성 드로잉, 육필 원고, 일기, 필름과 같이 그동안 공개되지 않았던 창작자와 비평가, 큐레이터 등이 생산한 기록을 중점적으로 수집해 공공자원화하는 것을 목적으로 하고 있다(김지언, 2023).

서울시립미술 아카이브에서 아트 아카이브인 소장 자료는 예술 자료와 기관 자료로 구분되어 있다. 분류 · 기술 매뉴얼에 따르면, 예술 자료는 "작품을 제작하거나 전시를 기획하는 등 창작을 하면서 작가와 매개자, 단체가 만들고 수집한 자료"로 기관 자료는 "1988년 설립 이후 서울시립미술관의 역사 속에서 생산된 운영 자료"로 각각 정의하고 있다(서울시립미술 아카이브, 2023a). 아카이브 운영 규정은「서울특별시립미술관 관리 및 운영 조례」및 동 조례시행 규칙에서 정하는 예술자료의 수집과 관리, 보존서고 관리, 소장자료 공개 및 열람, 소장자료 대여에 의거한다(서울시립미술 아카이브, 2023b).

서울시립미술 아카이브의 주요한 장점은 아카이브를 콘텐츠로 활용하는 정책이다. 2025년 2월 누리집 기준으로 '탐구와 참여' 메뉴 아래 컬렉션 시각화 · 타임라인 · 장소 위치 · 아카이브 필사 · 아카이브 스토리를,

'연구' 메뉴 아래 연구 조사 가이드 · 프로그램 · 출판을 서비스하고 있다. 미술 아카이브의 전문 정보 수집 및 활용을 대규모 라키비움을 통해 구현하고 있는 것이다.

서울시립미술 아카이브의 분류 체계는 아트 아카이브와 도서로 자료를 구분하고, 최종적으로 예술정보자원이라 일컫는다. 그리고 계층별 분류를 준수하면서 컬렉션-시리즈-파일-아이템 순서를 따르고 있다.

해외 아트 아카이브 사례

MoMA

MoMA는 1929년 존 데이비슨 록펠러(John Davison Rockefeller) 부인인 애비 A.록펠러(Abby Aldrich Rockefeller)의 주도 아래 릴리 블리스(Lille P. Bliss), 코넬리우스 설리반(Cornelius J. Sulivan) 부인, 존 록펠러 주니어(John D. Rockefeller Jr.) 부인 등 자선가 · 교육자 · 학예사 등 5명의 구성원이 중심이 되어 설립되었다(김윤섭, 2016).

MoMA가 추구하는 MoMA 아카이브(Moseum of Modern Art Archives)는 90년에 걸친 미술관의 역사 기록, 40년 분량의 MoMA PS1 기록, 20세기 및 21세기의

예술 및 문화 역사에 관한 기타 주요 소스 문서를 수집하고 보존하며 서비스한다. MoMA 아카이브는 아카이브 구술 인터뷰도 포함되어 있고, 무엇보다 전 계층에게 교육적인 사명을 완수하는 것에 중요한 역할을 한다.

MoMA 아카이브의 대표적인 프로젝트로 전시 역사 프로젝트(Exhibition History project)가 있다. 전시 역사 프로젝트는 1929년부터 현재까지 미술관에서 진행되었던 전시회를 포괄적인 설명과 자료와 함께 전문 플랫폼(moma.org/history)에서 제공하고 있다. 전시의 설치 사진, 보도 자료, 목록을 비롯한 주요 자료로 설명하는 3500개 이상의 전시회 정보가 담겨 있다. 2014년 MoMA는 레온 레비 재단(Leon Levy Foundation)의 지원을 받아 MoMA의 큐레이터 및 레지스트라 전시 파일을 완전히 설명하고 보존하며 대중에게 공개하는 프로젝트를 시작했다. 2016년에 1929년부터 1989년까지의 전시 기록을 이용할 수 있도록 공개했으며, 2019년에는 1990년부터 2000년까지의 전시 기록 작업을 완성해서 공개했다. 사용 가능한 기록에 대한 검색 보조 도구는 해당 웹페이지에서 찾을 수 있다. 색인 데이터, 체크리스트, 보도 자료 링크를 포함한 프로젝트에 포함된 작업은 MoMA의 전시 기록 페이지에 통합되었다.

MoMA 아카이브의 기록 유형은 기관 기록과 매뉴스크립트 컬렉션을 모두 포괄하고 있다. 기관 기록은 아카이브, 개인 연구 기록, 20세기 미술관 매뉴스크립트 컬렉션, 행정 기록으로 나뉜다. 기관 아카이브는 역사적, 사회적으로 의의를 지니고 있다고 판단된 MoMA의 영구보존 기록과 미술관 내 업무 활동으로 생산되었으나 더 이상 활용하지 않은 기록이 해당한다. 개인 연구 기록은 미술관 직원의 업무 활동에 따라 생산한 개인 업무 기록과 미술관 직원의 개별 연구 활동 기록을 포괄한다. 20세기 미술관 매뉴스크립트 컬렉션은 과거 아카이브로 이관한 20세기 미술 관련 자료다. 행정 기록은 MoMA 기록 관리 프로그램에 따라 미술관 업무에 의해 생산 및 수집한 행정 기록을 의미하며, 전 부서에서 법령에 따른 이관 절차를 통해 MoMA 아카이브에서 이관받아서 활용하거나 보존하는 기록들이다. 매뉴스크립트 컬렉션은 19세기 이후 미술사에서 중요한 위치를 차지하는 기록을 선별 수집하는 매뉴스크립트 컬렉션이다.

Tate

1897년에 설립된 테이트(Tate)는 영국 미술 및 현대미술을 대표하는 뮤지엄으로, 1970년에 설립된 테이트 아카이브는 테이트 4곳의 뮤지엄 기록과 수집 기록을 통합 관리한다. 테이트 브리튼에 위치한 아카이브는 테이트 도서관과 함께 아카이브 열람실을 운영하고 있으며 전시를 위한 아카이브 갤러리 공간도 마련하고 있다(지가은, 2022).

테이트의 소장 기록은 영국 미술 아카이브 컬렉션이 중심이 되어 19세기 이후 생산된 영국 미술사 기록물, 영국 내 시각예술 관련 기관 기록물, 국제미술 관련 기록물을 포함해 900개 이상의 아카이브 컬렉션, 10만장 이상의 작가 사진 컬렉션, 3500여 점의 시청각 자료, 2500여 점의 포스터, 1500여 점의 희귀 자료들을 보존하고 있다. 이러한 테이트의 기록물은 국가 표준 PAS 197:2009와 국제표준기록물기술규칙[ISAD(G)]을 중심으로 자체 개발한 기록관리 소프트웨어인 CALM을 이용해서 관리한다(서울아트가이드, 2025). 테이트 디지털 아카이브는 주제, 연도를 비롯한 상세 검색을 참조 번호(Reference Number)를 이용해서 서비스하며, 자료의 연관 주제어 사전을 통해 계층적으로 관리하고 있다.

테이트 아카이브는 영국 공공기록법(PRA)을 준수해서 관리한다. 테이트 아카이브의 소장 기록 유형은 크게 영국 미술 아카이브 컬렉션과 기관 기록으로 나뉜다. 영국 미술 아카이브 컬렉션은 브리튼, 모던, 리버풀, 세인트 아이브스에 소장 중인 미술 기록을 통합 관리하면서 5000여 점의 소장 자료 이미지와 해설을 온라인에 제공한다. 테이트가 소장한 작가의 스케치북, 작업 노트, 필사 등도 고해상도로 디지털화해서 공개하고 있다. 기관 기록은 1897년 이후 테이트의 활동 기록, 전시회, 포스터, 사진, 건축 등 테이트의 역사를 담은 기록으로 구성하고 있다.

테이트의 고유한 특징은 자체적인 테이트 리서치 센터(Tate Research Centre)를 운영하고 있다는 점이다. 테이트가 보유하고 있는 자료들에 대한 학술 연구 프로젝트를 실시하고, 프로젝트 성과물은 출판물의 형태로 온라인에 발간하거나 혹은 시청각 파일로 변환해서 교육용 자료로 제공한다. 테이트 채널(Tate Channel)은 테이트의 시청각 디지털 아카이브로 Video, Podcasts, Short article의 형태로 구성되어 있다. 시청각으로 구성한 자료 소개, 작가 인터뷰, 전시회, 학술대회, 토크쇼, 워크숍 등 기록을 시청각 형태로 언제든지 무료로 시청할 수 있게 한다.

참고문헌

국립현대미술관. https://www.mmca.go.kr/

김윤섭(2016). "뉴욕현대미술관(MoMA)의 운영사례를 중심으로 본 미술품 기증에 관한 연구". 명지대학교 일반대학원 박사학위 논문.

김지언(2023). "서울시립미술 아카이브의 아트아카이브로서의 방향 모색". 명지대학교 기록관리전공 석사학위 논문.

김지아(2022). "예술기록에 관한 분류·기술 사례 연구: 서울시립 미술 아카이브를 중심으로". 《기록학연구》, 74, 79~118쪽.

서울시립미술 아카이브. https://sema.seoul.go.kr/semaaa

서울아트가이드. https://www.daljin.com/

이호신(2012). "구술기록 관리를 위한 메타데이터 요소 설계: 예술사구술채록사업 결과물을 중심으로". 《구술사연구》, 3(1), 107~141쪽.

04
아트 아카이브의 수집과 정리

무언가를 구축하려면 수집을 해야 할 것이고, 이것을 다시 정리하는 작업이 없으면 너저분해질 것이다. 수집과 정리의 개념이 아카이브에 어떻게 통용되고 있는가? 절대로 중요성이 낮지 않을 것이다.

청각장애인과 AI?

수집

아카이브의 수집 정책은 "보존 기록관에서의 기록 평가, 선별 절차의 토대로서 수집을 통한 기록화의 목표 및 그에 따른 실천적 과제에 관하여 공식적으로 천명된 사실"을 의미하는 용어다. 수집 정책에는 기록관의 사명 및 목적, 수집의 범위와 우선순위, 수집 지침 및 제한 사항, 타 기록관이나 기록 소장자와의 협력 방향, 제적에 관한 설명 등이 포함된다(한국기록학회, 2008). 수집 정책은 아카이브의 주요 입수 방법인 자료 수집을 설정하는 이정표와 같으면서 동시에 수집 활동 전체에 막대한 영향을 미치는 요소이기 때문에 정교한 설정이 요구된다.

전소운(2020)은 수집 정책의 역할을 첫째, 기관 내부 직원들 간의 업무를 공표 및 공유, 둘째, 기록물의 수집뿐 아니라 기록관에서 수행되는 전반적인 기록 관리 업무에 공통으로 적용되며, 업무의 체계성의 한계를 보완, 셋째, 잠재적 기증자들을 위한 안내서로서 역할, 넷째, 기관의 입장에서 위탁 보관 중인 기록물의 법적 권리를 강조, 다섯째, 수집 정책은 기증하고자 하는 기록물에 대한 수락과 거절을 결정하는 기준으로 제시하였다.

햄(Frédéric Ham, 1993)은 수집 정책 수립 시, 수집 프로그램의 목표와 기관의 자원에 대한 분석이 필요하다고 설명한다. 아키비스트는 아카이브 기관이 보유한 인력과 물리적 설비, 기타 자원의 이용 가능성을 조사한다. 자료 수집에 아키비스트의 배치는 단순히 자료를 모으는 것만 아닌 수집한 자료 관리에 필요한 역량을 고려하여, 아키비스트가 근무하는 기관들의 수집 정책과 기록물을 파악해 선행 연구를 제시했다. 기관을 불문하고 반드시 포함하여야 하는 필수 수집 정책 항목을 ①아카이브 사명 및 목적에 대한 문서, ②수집 범위와 초점 설계 그리고 수집 분야, ③수집 지침 : 우선순위와 제한-(우선순위, 활동 수준, 수용 조건, 보유 조건 등), ④타 기관과의 협력, ⑤처분(deaccessioning)의 5가지로 제시했다.

아르코 예술기록원은 전신인 아르코 예술정보관 시기에 수집 활성화 및 소장 자료 개발을 위한 '아르코 예술정보관 소장 자료 개발 정책'에 따라 문학 · 미술 · 음악 · 연극 · 무용 · 전통 연회로 구분하여 문화 예술자원을 매체별, 지역적 · 언어별, 시기별로 자료 수집 계획을 수립하여 진행하고 있다(오동욱, 2013). 아르코 예술기록원은 국립예술기록원(2010) 시절 발간한「국립예술기록원 예술자료관리 전문화 방안 연구」에서 수집이 필요한 기록물의 평가 기준을 기록물의 수집 대상 설정과 선정한 기록물 중 필수적인 자료를 선정하는 평가기준표를 제시했다. 그리고 수집에서 그치는 것이 아닌 수집하기로 완료한 입수 대상 기록물의 원본성을 비롯한 평가 항목이 따로 있다. 입수 대상을 수집해서 소장할 경우에 생기는 영향을 평가하는 입수 대상 평가기준표를 마련해서 체계적인 평가 기준 아래 수집 행위를 실현하고 있다. 평가 요소는 원본성(원본 여부 판단), 유일성(희소가치), 정확성(내용의 정확성), 예술성(예술적 완성도 독창성), 재현성(퍼포먼스 등 재현 가능한 정도 측정), 협조성(수집 이후 사후 관리 협조 여부)으로 구성했다.

기관에 따라서 기관 아카이브 운영 규정에 위원회 설치 조항을 삽입하여, 위원회가 아카이브 수집에 관여하기도 한다. 「국립중앙과학관 아카이브 운영 규정」 제2장 아카이브 자료 수집 및 관리에서 제7조 '위원회 구성 및 기능'은 5인 이내의 운영위원을 구성하면서 위원회 회의마다 ①아카이브 자료 수집 · 기증에 관련된 사항, ②아카이브 자료의 수집을 위해 위원들은 아카이브 자료 수집 검토서(별지 제1호 서식)에 자료의 역사적 · 교육적 가치 및 공공기록물 관리에 관한 법률시행령 별표1 기록물의 보존기간 별 책정 기준을 참조하여 작성하여 위원장에게 제출한다 등 조항을 통해 아카이브 수집의 공신력과 정확성을 높이는 용도로 운영한다.

서울시립미술 아카이브가 아카이브 정책으로 발간한 AA_C1_예술 자료 수집 매뉴얼(2023)에 수집의 정의는 다양한 원천으로부터 유무상 기증, 기탁, 구입, 사본 수집 등의 방식으로 예술 자료를 취득하는 것을 의미한다. 수집 목적은 수집된 예술 자료를 통해 예술의 창작, 비평, 유통 등 전 과정을 살펴보는 것이 목적이다. 수집 범위는 1950년대 전후~현재, 공간적 범위는 한국 현대미술 및 시각예술의 주요 현장으로 설정하고 있다. 수집 대상은 작품 창작 및 제작 과정 또는 매개 활동의 과정에서 생산되거나 과정을 담은 자료다. 예술 자료 수집 단계는 준비-실행-완료의 3단계로 구분하며, 과정의 마지막은 소장처의 협의를 거쳐 이송을 진행하며 물리적 수집을 완료한다.

기록의 수집은 아카이브가 수행해야 하는 일차적 작업이며 다른 어떤 기능보다 중요한 업무로서, 아카이브의 정리 · 열람 · 활용 체제가 아무리 잘 되어 있어도 이들 기능은 수집한 아카이브의 범위를 초월할 수 없는 것으로 아카이브의 가치는 자료의 수집 여하에 달려있는 것이다(민병화 · 금혜진, 1992). 전국에 생겨나고 있는 아트 아카이브의 구축 성패는 결국 기관의 미션과 목적에 부합하는 최적의 자료를 어떻게 획득할 것인지 전략적 연구가 중요하다.

정리

기록물의 내용, 구조, 맥락은 기록물을 정리하고 기술하는 과정에서 핵심 요소다. 기록과 생산자, 기록과 업무, 기록과 기록 사이의 관계 속에 내재하고 있는 맥락을 손쉽게 파악할 수 있도록 기록물을 구조화하는 작업이 바로 정리(arrangement)다(이호신, 2018). 기록물의 정리는 기록의 맥락을 확인하고 보존하기 위한 방법이고, 기록의 진본성을 보장하기 위한 전략이 된다. 기록을 계층별로 묶고 계층 사이를 연결하여 기록의 효율적인 검색과 활용을 지원하고 해석을 지원하는 역할을 수행하며, 정리를 통해서 생성된 기록의 계층을 활용해서 비로소 기술(description)을 실시할 수 있게 된다(설문원, 2011).

아카이브를 정리하기 위해서는 많은 자료를 검색해서 해당 자료의 정보 입력에 활용하고 검수해야 한다. 그래서 온·오프라인을 통해서 전방위적인 자료를 검색하고 정보를 목록화하는 자료 검색 방법이 매우 중요하다. 크리스티나 캄포시오리(Kamposiori, 2012)에 의하면 예술 자료를 연구하는 연구자들은 특히 연결하기(chaining)

와 브라우징(browsing)을 검색에 주로 사용한다. 연결하기는 인터넷 검색, 학술 논문, 도서 등을 참고하여 이미 알고 있는 자료의 각주 및 색인을 확인해서 본 자료부터 "계속" 잇고 이어서 자료를 검색하는 방법이다. 브라우징은 특정한 주제, 이미지, 장르 대상의 관련 사이트나 정보 DB 등을 통해 자료를 검색하는 방법이다.

아카이브를 정리하는 작업은 체계적인 관리를 위해 기본적으로 수행해야 하는 일로, 중요하고 고려해야 할 사항이 많다. 또 대상량에 따라 다르겠지만 많은 시간과 인력이 필요하다. 그래서 담당자가 혼자서 정리하는 경우도 있지만 용역 사업을 통해 하기도 한다(임광섭, 2021). 아카이브를 구축할 때 아카이브의 목록화는 구축의 중요 자료로서 식별 번호, 기본 정보, 생산 정보 등 자세한 항목 아래 목록을 작성한 후 안에 담긴 내용 정보를 빠짐없이 작성해서 정리해야 한다(앞의 글, 2022). 아카이브 정리 목록의 전제 조건은 반드시 필요성과 사용성에 따라 메타데이터를 설계해야 하며, 수시로 디지털 아카이브를 비롯한 여러 저장 장치에 보존해서 뜻밖의 상황에서도 원천데이터를 지켜야 한다는 점이다.

참고문헌

민병화·금혜진(1992). "예술정보자료의 수집방안과 예술전문사서의 양성방안에 관한 연구". 《문화정책논총》, 4, 79~106쪽.

설문원(2011). "예술기록의 분류와 정리에 관한 연구". 《한국기록관리학회지》, 11(2), 217~247쪽.

오동욱(2013). "지역 문화 예술 아카이브에 관한 연구". 《대구경북연구》, 12(1), 99~112쪽.

이호신(2018). "미술관 기관아카이브의 기록물 수집과 정리에 관한 사례연구: 국립현대미술관 미술관자료를 중심으로". 《한국기록관리학회지》, 18(4), 1~24쪽.

임광섭(2021). "서울우리소리박물관 아카이브 구축 사례". 《한국기록관리학회지》, 21(2), 225~230쪽.

전소운(2020). "사건 기반 매뉴스크립트 컬렉션의 수집 요소에 관한 연구". 서울여자대학교 일반대학원 석사학위 논문.

한국기록학회(2008). 《기록학용어사전》. 역사비평사.

Ham, F. G.(1993). *Selecting and appraising archives and manuscripts*. 강경무·김상민 옮김(2002). 《아카이브와 매뉴스크립트의 선별과 평가》. 진리탐구.

Kamposiori, C.(2012). Digital Infrastructure for Art Historical Research: thinking about user needs. *Proceedings from the Electronic Visualisation and the Arts(EVA 2012) Conference*. https://www.scienceopen.com/hosted-document?doi=10.14236/ewic/EVA2012.41

05
데이터의 디지털 전환

디지털 시대를 맞아 각 국가부터 기업까지 데이터의 디지털 전환을 가속화하고 있다. 치열하게 경쟁하는 전장부터 기록을 보존하는 도구까지 데이터의 디지털 전환은 모든 분야에서 진행되고 있다.

AI 콘텐츠 크리에이터?

데이터의 디지털 전환

데이터의 정의는 이론을 세우는 데 기초가 되는 사실 · 자료를 의미한다. 정보처리 측면에서 데이터는 정보처리 능력을 갖춘 장치를 통하여, 생성 또는 처리되어 기계에 의한 판독이 가능한 형태로 존재하는 정형 또는 비정형의 정보를 말한다. 표면적으로 데이터는 숫자, 단어, 관찰 결과 또는 기타 유용한 정보의 집합이다. 이는 가공되지 않은 사실(fact, raw material)로서 문자나 숫자나 수치, 기호, 도형으로 나타내는 것이다. 데이터의 종류는 두 가지로, 언어나 문자 등으로 기술되는 정성적 데이터와 수치, 기호, 도형으로 구분되는 정량적 데이터로 나눌 수 있다.

20세기 이전 산업혁명을 통한 자동화 기계의 출현은 육체노동의 생산성 증량으로 국가 체제의 많은 부분을 혁명적으로 변화시켰다. 20세기는 전자기기가 발전하고 컴퓨터와 인터넷이 등장하면서 인지 노동을 대신하는 디지털 인프라가 만들어졌다. 21세기 초반부터 AI-ICBM(IoT, Cloud, Big Data, Mobil, AI) 등으로 촉발된 4차 산업 기술혁명이 디지털 전환(Digital Transformation)을 가속하면서 인지 노동의 자동화가 빠른 속도로 진행되고 있다(이상근, 2023).

4차 산업혁명 이전의 디지털은 일반적으로 정형 데이터 위주의 데이터(문자)와 비즈니스 프로세스가 디지털화(Digitalization)되는 개념이었다. 2010년부터 새로운 정보통신기술(ICT)이 본격적으로 확산되면서 비정형 데이터(센서데이터, SNS, 이미지, 음성, 영상, 위치 정보 등)가 디지털화되고 지능의 자동화가 급속도로 진행되었다. 인지 노동의 자동화 초기에는 단순 반복 계산을 실수 없이 빠르게 하기 위한 자동화 기계로 시작되었다. 시간이 지나면서 자동화하려는 인지 노동의 폭과 범위는 점점 확장되어 4차 산업 기술의 대중화와 맞물린다. 인지 노동의 자동화는 사무자동화, 과학, 예술, 사회 인프라에 이르기까지 엄청난 변화를 일으켰고, 챗봇이나 ChatGPT 등을 통해 인간의 지능적 행위와 판단에 이르기까지 그 범위를 넓혀가고 있다(김현철, 2019).

데이터는 4차 산업으로 접어든 디지털 기술의 발전에 따른 디지털 전환 시대를 지나가고 있다. 4차 산업으로 촉발한 디지털 전환의 개념은 AI, 빅데이터 등 디지털 기술을 활용해서 조직 업무, 기술을 비롯한 산업 전반의 디지털 활용으로 재편성하는 것이다. 다시 말해 일반적인 개념의 디지털 전환은 AI 기술, 사물 인터넷 기술, 클라우드 및 빅데이터 솔루션 등의 디지털 기술을 플랫폼으로 구축 · 활용하여 각 분야의 기술 혁신을 이루면서 인프라를 제고하는 것이다.

모든 산업에서 디지털 전환의 영향력은 AI 기술, VR/XR를 비롯한 증강현실 기술, 블록체인 기술, 메타버스 기술의 등장 및 고도화로 디지털 생태계가 변화하고 있다. 이러한 디지털 전환 가속화에 따라 기술 개발에 핵심 인프라인 데이터 활용이 증가하고 데이터 중심으로 비즈니스 모델과 산업 환경이 전환될 것으로 전망하고 있다. 금융에서는 코로나19 시대 블록체인, 빅데이터, AI 등을 활용한 핀테크 기술의 활용으로 디지털 전환 추세를 가속화하였다. 자동차 산업의 현대자동차는 보스턴 다이내믹스라는 로봇 제조 기업을 인수해서 로봇 연구를 진행하고 있으며, 테슬라는 하드웨어 중심의 전통적 자동차 산업을 로봇을 활용한 제조 공정 디지털 전환은 물론, 자동차 성능과 안정성을 소프트웨어로 업그레이드하는 새로운 방식으로 이용자 경험에서도 디지털 전환을 실현하고 있다(조성준, 2023).

2024년 마이크로소프트와 아마존이 인공지능 데이터센터를 짓는데 340조 원을 투입하기로 발표했다. 마이크로소프트(MS)와 오픈AI가 6년간 1000억 달러(약 135조 원)를 들여 현존 100배 이상 규모의 AI 데이터센터를 구축하는 프로젝트에 착수했고, 아마존도 AI 데이터센터에 향후 15년간 1500억 달러(약 203조 원)를 투자하였다(심서현, 2024). 하지만 대한민국의 데이터 및 인공지능 산업 발전은 이에 비해 미치지 못하는 실정이다. 국내의 디지털 데이터 정책은 '데이터 댐' 프로젝트가 대표적이다.

과거, 문재인 정부 출범과 함께 발생한 ICT 분야의 최대 화두는 '4차 산업혁명'과 '디지털 전환'이었다. 인공지능, 빅데이터, 초연결화 등으로 대표하는 지능화 혁명에 적극적으로 대응하기로 문재인 정부는 계획한다. 대한민국에 설치된 우수한 인터넷 인프라를 활용해서 궁극적으로 세계적인 데이터를 잘 다루는 나라로 나아가는 것이 목표였다.

이에 따라 2019년 빅데이터 플랫폼 및 센터, 데이터바우처, 마이데이터 사업 등 데이터 경제 활성화를 위해 약 1400억 원의 예산을 투입했다(박문우, 2020). 2020년 디지털 뉴딜의 대표 과제인 '데이터 댐' 프로젝트를 본격적으로 실시한다. 데이터 댐은 문재인 대통령이 직접 "디지털 뉴딜은 앞으로 디지털 경제의 기반이 되는 데이터 활용을 최대한 활성화하기 위한 이른바 '데이터 댐'을 만드는 것"이라며, "공공과 민간의 네트워크를 통해서 생성되는 데이터들을 모으고, 그것을 표준화하고 가공·활용하여, 기존 산업의 혁신과 혁신적인 서비스 개발을 통해 일자리를 창출해야 한다"고도 했다. 데이터댐 7대 핵심 사업은 각각 AI(인공지능) 학습용 데이터 구축, AI 바우처(구매권)와 AI데이터 가공 바우처 사업, AI융합 프로젝트, 클라우드 플래그십 프로젝트, 클라우드 이용 바우처 사업, 빅데이터 플랫폼 및 센터 구축 등이다. 추경 예산으로 확보한 4991억 원의 세금이 투입되었다(조선일보, 2020). 하지만 데이터댐 프로젝트는 과거 사업의 예산 삭감에 이어 데이터 품질 문제까지 거론됐다. 특히 2024년 예산은 기존 2805억 원 수준에서 대폭 삭감되어, 국내 AI 발전에 부정 영향을 줄 것이란 의견이 제기되었다.

인공지능에 마중물 역할을 하는 디지털 데이터 확보 전쟁이 전 세계적으로 치열해지고 있는 상황에서 우리나라의 디지털 데이터 및 소프트웨어에서 활약은 의문점이 있다. 인공지능 응용 기술이 영상 생성과 인간 음성 복제까지 빠르게 발전한 현실에서 이를 활용하고 구동하는 인공지능 인프라 특히 데이터의 디지털 전환을 시대에 맞게 따라가고 있는지 성찰해 볼 필요가 있다.

디지털화

지식정보자원관리법 제2조 제1항에서 "지식정보자원"이라 함은 국가적으로 보존 및 이용 가치가 있고 학술·문화 또는 과학기술 등에 관한 디지털화된 자료 또는 디지털화의 필요성이 인정되는 자료를 말한다. 같은 법 제2조 제2항은 "디지털화"라 함은 원정보의 보존 및 이용에 효용을 높일 수 있도록 전자적인 형태로 변환하는 것으로 정의한다. 즉, 디지털화는 자료를 디지털로 변환해서 통일된 양식으로 자료를 정리하는 것으로, 다양한 저장 매체에 수록된 자료를 통일된 방식으로 합치면서 동시에 아날로그 방식으로 제작된 자료를 영구 보존할 수 있는 장점을 가진다(조소연, 2005).

과학의 발달에 따른 이러한 환경의 변화는 자료를 관리하는 방법, 즉 아카이빙 방식에서 새로운 시각과 접근을 요구한다(김주관, 2006). 전통적인 아카이브를 오프라인 매체로 보관하고 관리하는 방식으로는 멀티미디어 매체로 생산된 자료를 관리하는 데 비효율적일 뿐만 아니라 불가능할 수도 있다. 또한 자신이 생산한 자료를 전통적인 아카이빙 방법으로는 더 이상 개방적인 방식으로 신속하게 공유하기도 불가능하고, 현재의 시점에서 현지 조사를 주요한 도구로 사용하는 조사자들은 생산된 자료를 어떻게 아카이빙할 것인가에 대해 새로운 모색이 필요하다 할 것이다(앞의 글, 2006). 디지털 기술이 가지고 있는 대표적인 속성인 광속성, 무한 반복 재현성, 조작 및 변형의 용이성, 양방향성 등이 우리 생활 속에 깊이 들어왔다. 아키비스트 역시 디지털을 운용하고 활용하는 능력의 보유 여부에 따라 양적 질적으로 정보를 서비스할 수 있다. 소장 자료의 디지털화를 어떻게 적용하고 구축할 것인지 고민이 필요하다.

아카이브 자료의 디지털화에 대한 대상이 선정되면 구체적인 수립 계획을 성립해 시간과 재원의 낭비를 막을 수 있고, 디지털화를 위한 절차, 목표와 범위 등을 결정하고 나면 이를 어떠한 방법으로 디지털화할 것인지 방법을 결정해야 한다(김기화, 2016). 다음의 디지털 정보 작업은 OSI 및 인터넷 데이터 전송, 문자 집합, 문서 교환, 소리 교환, 이미지 교환, 동영상 및 멀티미디어, 3차원, 데이터 흐름, 탐색 및 검색, Directory, 메타데이터, URL의 디지털화 관련 요인들을 충분히 반영하여 디지털로 변환해야 한다. 디지털 정보를 보존하는 방법은 복사(copying), 이송(migration), 에뮬레이션(emulation), 방치(archeology) 등이 있고, 디지털 저장소의 구축도 집중형, 분산형, 협력형, 혼합형의 모델을 연구해서 기관의 성격에 맞는 디지털 보존을 시행해야 한다(정상원, 1999).

정보, 지식, 지혜, 메타데이터 개념

정보는 자료를 가공해서 실제 쓸 수 있도록 정리한 지식 혹은 데이터를 통하여 얻는 정보의 총량이다. 문헌정보학사전(2025)에 따르면 지식(Knowledge)은 ①어떤 대상을 연구하거나 배우거나 또는 실천을 통해 얻은 명확한 인식이나 이해. ②의미나 목적을 고려하여 정보를 평가하는 능력 또는 복잡한 업무를 수행하기 위한 능력. ③인간이 인식을 통하여 얻는 진리, 사실, 정보, 원칙 등의 전체를 의미. ④판단, 경험, 규칙에 의해 정보를 가공하여 보다 가치 있는 형태로 발전시키는 정보를 의미한다. 데이터를 모아서 정보를 가공하면 다시 정보가 무슨 의미가 있는지 분석하고, 뜻을 파악하면서 이를 활용하는 단계를 지식으로 칭한다. 지혜(Wisdom)는 사물의 이치를 빨리 깨닫고 사물을 정확하게 처리하는 정신적 능력을 뜻한다(네이버 표준국어대사전, 2025). 데이터-정보-지식을 통해 많은 것을 습득한 사람이 한발 더 나아가서 새로운 정책을 도출하거나 올바른 방향으로 마음이 이끄는 상황을 지혜라고 할 수 있다. 데이터-정보-지식-지혜는 수평적 관계가 아닌 발전과 진화 단계로 나아가는 수직적 관계다.

데이터를 이해할 때 메타데이터(Metadata)라는 개념이 있다. 메타데이터를 정보자원 측면에서 접근하면, 메타데이터는 '정보자원에 대한 데이터'로서 '데이터에 대한 데이터'가 메타데이터의 보편적 정의로서 사용되고 있다. 메타데이터는 정보자원이나 정보자원의 묶음(Collection)을 설명 및 기술한 데이터로, 예를 들어 도서관에서 사용하는 목록(Catalog)에 책이라는 정보자원을 설명하는 제목, 저자, 출판사 등을 메타데이터 요소로, 메타데이터 요소의 내용을 속성값으로 정의한다(한국과학기술정보연구원, 2015). 메타데이터로 설명한 정보자원은 사용자에게 정보를 신속히 전달할 수 있고, 메타데이터를 통해 데이터가 존재하게 된 관련 정보(context information)를 알 수 있다. 따라서 사진, 문서, 동영상 같은 정보자원과 달리, 수치 데이터만을 담고 있는 정보자원의 경우 메타데이터의 효용성이 더욱 크다(앞의 글, 2015).

디지털 아카이브에 정보자원의 보존은 정보자원 자체뿐만 아니라 해당 정보자원의 보존과 관련된 메타데이터까지도 함께 보존하는 것을 의미한다(한국기록관리협회, 2009). 정보자원에 대한 기술 사항인 메타데이터는 디지털 아카이브에서 핵심적인 부분이며, 이는 디지털 객체의 보존 관리와 검색을 지원할 수 있는 기반으로서의 기능을 담당하고 있다(이승민, 2015).

참고문헌

김수영·임준근(2009). "디지털 향토문화 콘텐츠를 위한 XML 기반의 아카이브 시스템에 관한 연구". 《인문콘텐츠》, 15, 147~173쪽.

김주관(2006). "문화자료와 디지털 아카이브의 구축: 20세기민중생활사연구단의 사례를 중심으로". 《지방사와 지방문화》, 9(2), 447~483쪽.

김현철(2019). 《정보적 사고에서 인공지능까지》. 한빛아카데미.

네이버 표준국어대사전. "지혜". https://dict.naver.com/dict.search?query=%EC%A7%80%ED%98%9C&from=tsearch

박문우(2020). "한국판 뉴딜, 국가 디지털 전환을 위한 Data·Network·AI 기반 데이터 댐". 《정보처리학회지》, 27(2), 13~20쪽.

신재민·곽승진(2013). "디지털 콘텐츠 아카이빙 정책수립을 위한 문헌 및 사례 고찰". 《사회과학연구》, 24(1), 305~330쪽.

심서현(2024). "340조 'AI데이터 댐' 짓기 전쟁… 아마존 이어 MS도 칼뺐다". 중앙일보. https://www.joongang.co.kr/article/25239317

이상근(2023). "디지털 전환, 빅데이터 활용과 혁신과 협업을 위한 기업의 인공지능 전략". 《경상논총》, 41(2), 67~86쪽.

이승민(2015). “디지털 아카이빙을 위한 보존 메타데이터 패키지 구축”. 《정보관리학회지》, 32(3), 21~47쪽.

이창영(2006). “디지털 아카이브 구축을 위한 정보시스템 고려사항 분석”. 《기록보존》, 16, 281~298쪽.

전병렬(2016). “대중음악 팬덤의 특성 분석을 통한 아카이브 활성화 연구: 서태지아카이브 사례를 중심으로”. 중앙대학교 예술대학원 석사학위논문.

정상원(1999). “국가 지식정보의 디지털화 전략”. 《한국정보관리학회 학술대회논문집》, 6, 133~136쪽.

정철환(2020.9.2). “정부, 文대통령 언급 '데이터 댐' 사업 본격 추진한다”. 조선일보. https://www.chosun.com/economy/tech_it/2020/09/02/D7Z5B2QI5JCMZAYQ67Z2KADKUI/

조소연(2005). “영상문화콘텐츠 디지털아카이빙 도입전략 방안”. 《영상문화콘텐츠 디지털 아카이빙 컨퍼런스 발표집》. 한국영상자료원·문화중심도시조성추진기획단.

조성준(2023). “기업에서의 디지털 전환: 현황 성과 그리고 과제”. 《HRD Review》, 26(3).

한국과학기술정보연구원(2015). “정보자원의 효율적 데이터 관리방안”. 한국과학기술정보연구원.

한국도서관협회 문헌정보학용어사전. https://www.kla.kr/dictionary?menuIds=5,27

06
아카이브의 디지털 도입과 발전

아카이브와 디지털의 결합은 디지털 아카이브를 탄생시키면서, 동시에 또 다른 활용을 생산했다. 문화자원 네트워크인 유로피아나(Europeana)가 수백만 건의 디지털 콘텐츠를 각국의 디지털 아카이브로부터 제공받을 정도로 디지털 아카이브 콘텐츠는 확장하고 있다.

AI와 민주주의?

디지털 아카이브의 개념 및 발전

과거 전통적 의미의 아카이브가 오프라인 자료에 치중되었다면 디지털 시대가 도래하면서 등장한 디지털 아카이브는 디지털·온라인의 대용량 아카이브를 관리하기 위해 생겨난 개념이다. 현재 전통적 오프라인 아카이브보다 더 많은 비중을 차지한다고 볼 수 있을 정도로 발전하고 있다.

현대원(2005)은 "디스크 또는 테이프와 같은 보조 기억 장치에 데이터를 장기간 보관하기 위해 데이터를 하나 또는 여러 개의 파일을 묶어 훨씬 작은 크기로 압축, 저장한 파일을 디지털 자산으로 생성, 저장하고 이를 체계적으로 분류해 효과적으로 검색 및 디스플레이 할 수 있도록 관리하는 시스템"으로 디지털 아카이브를 정의했다. 디지털 아카이브는 아날로그 형태의 자료를 디지털화하여 디지털 컬렉션을 구축하고 온라인으로 서비스하는 정보시스템의 개념에서, 축적된 디지털 컬렉션과 자원을 데이터화하여 광범위한 공유와 활용을 통해 새로운 가치를 창출할 수 있는 디지털 플랫폼으로 변화하고 있다(한상은·박희진, 2022). 디지털 아카이브의 의미를 디지털 자원의 수집, 저장, 디지털 자원의 백업, 아날로그 자원의 디지털화 등으로 이해하며, 그렇게 구축된 데이터베이스를 디지털 아카이브라고 정의하기도 한다(정희선 외, 2016). 행동 양식적인 측면에서, 현재 급속히 변화하는 디지털 환경에서 디지털 아카이브의 초기 개념은 디지털 자원의 수집, 저장 활동, 디지털 자원의 백업, 아날로그 자원의 디지털화 등의 좁은 의미로 이해되었다. 시간이 흐른 후 '가치 있는 디지털 자원을 선별하여 그 내용 및 기능을 보존 관리하고 장기간 접근할 수 있도록 하는 전반적인 활동을 포괄하는 개념'으로 정의되고 있다(설문원, 2005). 디지털 아카이브의 개념은 상기 각 연구자마다 해석이 빈번한 다중적인 의미를 가지고 있다.

다수의 아카이브들은 다양한 정보 기술을 업무 전반에 활용하고 있을뿐더러, 전례 없는 이용자 서비스와 프로그램 제공에 힘쓰고 있다. 현재 아카이브는 온라인 기반으로 혁신과 유연성, 그리고 개방적 활용이 중심이 되는 디지털 아카이브로 전환하고 있는 추세다(김유승, 2010). 공간을 대체한 디지털 공간에서의 아카이브는 경제적 편익성과 시공간의 제약을 넘어선 정보의 확장성, 이용자의 편의성이라는 측면에서 기존의 아카이브에 비해 강점이 있다(정지연, 2018). 디지털 아카이브를 구축해야 하는 실용적인 측면에서는 다양한 저장 매체에 수록된 자료를 통일된 방식으로 정리할 필요가 있으며, 아날로그 방식으로 제작된 자료를 영구 보존할 수 있다는 점이 강점이다(한국개발연구원, 2001). 기록의 정보자원화를 위한 유통, 가공, 보존의 용이성을 갖추고 있는 디지털 아카이브는 새로운 부가가치의 창조라는 패러다임의 중심에 있다. 이와 같은 디지털 아카이브의 장점은 국공립만이 아닌 민간 아카이브에도 확산되고 있다(배양희 · 김유승, 2017).

아트 아카이브는 자료의 수집부터 시작하는 다양한 업무를 통해 구축되는 프로세스를 가지고 있다. 아트 아카이브의 구축 및 활용은 다음과 같은 업무 흐름도를 가지고 있다.

첫째, 수집(이관, 기증, 구입, 자체 생산)은 개인 및 기관이 자료를 구입하거나 기증을 받거나, 혹은 다른 기관에서 이관을 받거나, 아니면 스스로 자체적으로 자료 생산을 하는 경우를 뜻한다. 둘째, 분류 및 등록은 관리하고 있는 자료를 분류 체계에 따라 다시 분류하고, 1차로 시스템에 가등록 내지 목록화를 진행한다. 셋째, 보존처리는 서고 및 수장고에 보관되어 있는 자료의 컨디션을 점검하고 이에 따른 보존 조치를 취한다. 넷째, 정리기술 및 목록화는 논리적 · 물리적 정리 및 기술

(description)의 단계로서 전문가들이 자료를 보면서 새로운 정보를 찾아내고 기술을 완료한 자료를 목록 혹은 기록관리시스템에 입력해서 이용자들이 검색과 열람할 수 있도록 하는 절차다. 다섯째, 기술이 모두 끝난 자료를 디지털화해서 구축해 놓은 디지털 아카이브 시스템으로 서비스하는 단계다. 여섯째, 활용은 구축이 완료된 자료를 다시 전시, 출판, 학술 연구, 복제, 열람 등 2차 서비스를 실시하면서 아카이브의 가치를 높이는 선순환을 기대한다. 아카이브의 본질인 자료 보존을 넘어서 문화콘텐츠로서 가치를 환류하는 것이다(강지성 · 권지연, 2024; 류한승 2012; 경기문화재단 2006).

데이터 규모가 증가하면서 이에 따른 가치를 창출하기 위해서는 데이터의 수요와 공급이 시장에서 자율적으로 거래할 수 없는 시장 실패가 유발되고, 이러한 상황에서 빅데이터의 거래를 중개 및 내재화할 수 있는 플랫폼(Platform) 조직의 출현은 필연적이다(최영근 외, 2023). 플랫폼이란 정보시스템 환경을 구축하고 개방하여 누구나 다양하고 방대한 정보를 쉽게 활용할 수 있도록 제공하는 기반 서비스를 말한다(국립국어원, 2025). 플랫폼은 기술을 이용해 사람과 조직, 자원을 상호작용하는(interactive) 생태계에 연결하여 엄청난 가치를 창출하고 교환할 수 있게 해 준다. 플랫폼의 가장 중요한 목적은 사용자들끼리 꼭 맞는 상대를 만나서 상품이나 서비스 또는 사회적 통화를 서로 교환할 수 있게 해 주어 모든 참여자가 가치를 창출하게 하는 것에 있다(김태현, 2018). 플랫폼은 여기저기 흩어져 있는 정보자원을 통합적으로 관리 및 검색, 이용이 가능하도록 제공한 정보시스템 또는 이용자가 다양한 방식으로 상호작용하는 가상 환경의 공간을 지칭하는 두 가지 의미로 해석된다(주선영, 2024). 이 책에서는 주로 전자의 의미로 플랫폼의 정의를 사용한다.

앞서 살펴보았듯이, 디지털 아카이브의 정의는 아카이브만큼 다양한 의미를 내포하고 있으며, 누군가의 해석이 진리라고 단언할 수 없다. 디지털 아카이브라는 개념에 디지털 기록, 디지털 공간, 조직, 장소, 시스템 등 여러 가지 의미가 내포되어 있으며 연구자마다 각 연구에 맞게 정의해서 사용하는 것이 보편적이다.

활용

최근 국립중앙박물관을 비롯한 여러 국립박물관들은 디지털 실감 영상관, AR/VR 전시관, 메타버스 박물관, 웹 기반 온라인 전시, 디지털 도슨트, 키오스크 활용 전시 등 다양한 형태의 디지털 전시를 제공하며 관람객과의 상호작용을 확대하고 있다(변혜빈 외, 2024). 이외에도 전시, 교육, 발굴 등 박물관 활동에서 생성되는 다양한 자료와 소장 유물에 대한 연구 및 기록 자료는 모두 박물관의 디지털 아카이브에 체계적으로 축적되고 있다(앞의 글, 2024). 앞으로 뮤지엄은 디지털 아카이브로 수집한 자료를 어떻게 다시 학술적, 비학술적으로 서비스 타깃에게 선보일 수 있는지가 관건이다.

아카이브를 접하는 이용자에게 가장 시각적으로 다가올 수 있는 방법은 바로 전시에 아카이브를 활용하는 것이다. 작가노트, 드로잉, 원고 등을 비롯한 창작자의 1차 자료는 작가의 세계관과 작품 해석에 귀중한 참조 자료가 된다. 아카이브를 위시한 1차 자료는 시각예술 전시의 일부이자 혹은 아카이브 전시로 불리는 콘텐츠로 전시를 끌어가는 용도로 주목을 받고 있다.

데이터 시각화(visualization)를 응용한 아카이브 데이터의 시각화도 아카이브를 다루는 기관의 주요한 콘텐츠로 활용된다. 데이터 시각화는 데이터 분석 결과를 쉽게 이해할 수 있도록 도표(graph)라는 수단을 통해 시각적인 정보를 명확하고 효과적으로 전달하는 것이다(위키백과, 2025). 아카이브로 활용하는 시각화는 소장 자료, 전거 레코드(특정 키워드를 중심으로 관련 정보를 모아놓은 자료), 시소러스(용어 관계 사전) 간 관계와 맥락을 확인할 수 있고(서울시립미술 아카이브, 2025), 소장 자료와 관련 정보 사이의 관계를 직관적으로 보여주고 있다.

데이터 시각화는 디지털 아카이브와 키오스크를 결합해 미디어 아카이브 월(Media Archive Wall)로 응용해서 관람객에게 시각 효과를 제공한다. 국립국악원에 설치된 국악 아카이브 월은 단순히 외부로 비추어지는 미디어 시스템을 벗어나, 기존 아카이브 관리시스템과 연계되어 박물관을 찾는 관람객 경험에 맞게 설명 자료와 사진 자료를 편집하고, 큐레이션하는 시스템을 함께 구축해서 테마를 자유롭게 설정한 미디어 기획 전시를 실행할 수 있다(레벨나인, 2025).

구술 채록(口述採錄)은 일반 기록물과 달리 구술자와 면담자 간의 심층 면담을 담은 영상 · 녹음테이프, 이를 변환한 디지털 파일, 면담 과정에서 촬영한 사진, 구술자가 소장한 관련 자료, 면담 내용을 정리한 여러 가지 부속서(면담 개요, 녹취문, 면담 일지, 구술자 · 면담자 신상 기록 카드 등) 등 다양한 매체로 구성된다(권미현, 2004). 예술을 다루는 문화 예술 기관 및 뮤지엄에서는 예술인 대상으로 그들의 생애, 주제, 사건을 다룬 구술 채록을 디지털 아카이브로 구축하면서 적극 수집하고 서비스한다.

구술 채록의 생산은 준비-실행-정리의 3단계로 나뉜다. 준비는 구술에 대한 기획을 기반으로 주제에 대한 연구를 진행하고, 구술자를 섭외하고 면담 일정을 확정한 뒤, 사전 질문지를 보내 구술자와 충분한 협의를 진행하여 질문을 확정하는 등 면담의 전 단계다. 실행은 구술에 필요한 면담 실행 준비와 실제 구술자를 만나서 작성한 시나리오대로 면담을 실행하는 단계, 정리는 촬영 후 구술자별, 면담 횟수별로 각종 산출물을 기록화하고 최종적으로 구술자의 확인을 거쳐 해당 구술을 종료하고 평가하는 단계다(손동유, 2013).

시각예술은 창작자인 작가에서 생산되는 작품 및 자료가 대다수를 차지한다. 따라서 작가의 구술 채록은 작가와 작품을 이해하는 중요한 매개로 작용하며, 구술 기록은 창작자인 작가를 가장 밀접하게 이해할 수 있는 기초 자료이자 특히 녹음, 녹화된 인터뷰는 연구자로부터 새로운 해석과 작가의 삶에 대한 내러티브를 드러나게 해준다(박나라보라, 2019). 예술가의 구술 채록은 구술 기록만으로 온전하게 이해되기보다는 작가의 작품 활동과 관련 기록들 속에서 총체적으로 이해되어야 한다(이호신, 2012). 시각예술 구술 채록은 생산하는 기관과 시각예술이 활성화될수록 수요가 증가하는 추세며, 정식 구술 인터뷰만이 아닌 전시, 인터뷰, 학술 연구 등 다양한 형태의 구술 채록을 생산하고 있다.

이러한 일련의 기능들이 아카이브에 대한 관심과 흥미를 높여 이용자들의 정보의 공유, 참여를 가져온다. 더불어 아카이브의 활용을 통한 새로운 콘텐츠 자원은 문화 자원과 관광 자원으로 지역 사회와 기관을 홍보하므로 아카이브 활용에 다양한 디지털 기술을 사용하는 것은 그 의의가 있다(최석현 외, 2013).

참고문헌

강지성·권지연(2024). "(재)예술경영지원센터의 원로작가 디지털 아카이빙 지원사업 개선 방안 고찰". 《박물관학보》, 48, 195~224쪽.

국립국어원. https://www.korean.go.kr/

권미현(2004). "구술사료의 기록학적 관리방법 연구". 《기록학연구》, 10, 112~144쪽.

김유승(2010). "아카이브 2.0 구축을 위한 이론적 고찰". 《한국기록관리학회지》, 10(2), 31~52쪽.

김태현(2018). "4차 산업혁명 시대의 디지털 오픈 아카이브 플랫폼과 기록정보서비스". 한국외국어대학교 석사학위논문.

레벨나인. https://www.rebel9.co.kr/

박나라보라(2019). “시각예술 분야 구술기록 기술요소 개선방안에 관한 연구”. 이화여자대학교 정책과학대학원 석사학위 논문.
배양희·김유승(2017). “민간 디지털 아카이브 수집정책 연구”. 《기록학연구》, 53, 119~159쪽.
변혜빈 외(2024). “박물관 자료 관리·활용을 위한 디지털 아카이브 데이터 구조 개선방안 연구”. 《박물관보존과학》, 32, 79~99쪽.
서울시립미술 아카이브. https://sema.seoul.go.kr/kr/visit/art_archive
설문원(2005). “과학기술 분야 디지털 아카이빙을 위한 정책연구”. 《정보관리연구》, 36(4), 23~49쪽.
손동유·권용찬(2013). “체계적인 구술기록 생산을 위한 제언”. 《한국기록관리학회지》, 13(1), 135~158쪽.
위키백과. https://ko.wikipedia.org/wiki
이호신(2012). “구술기록 관리를 위한 메타데이터 요소 설계: 예술사 구술채록사업 결과물을 중심으로”. 《구술사연구》, 3(1), 107~141쪽.
정지연(2018). “강원 아카이브 구축 기초 연구: 2018 강원학 연구보고 2”. 강원연구원.
정희선 외(2016). “개화기 조선 체류 서양인 기록물의 디지털 아카이브 시스템 구축”. 《한국비블리아학회지》, 27(4), 229~249쪽.
주선영(2024). “공연예술 디지털 큐레이션 플랫폼의 발전 방향에 관한 연구: 국립중앙극장 공연예술 아카이브 플랫폼 ‘별별스테이지’를 중심으로”. 《무용역사기록학》, 73, 3~21쪽.
최석현 외(2013). “아카이브의 디지털 전시 활용효과 분석”. 《한국기록관리학회지》, 13(1), 7~33쪽.
최영근 외(2023). “온라인 플랫폼이 디지털 콘텐츠 시장에 미치는 영향과 과제”. 《전략경영연구》, 26(2), 81~112쪽.

한국개발연구원(2001). “국립 디지털 도서관 건립사업 예비 타당성 조사 보고서”. 한국개발연구원.

한상은·박희진(2022). “디지털 아카이브의 위키데이터 활용방안 연구”. 《한국기록관리학회지》, 22(1), 201~217쪽.

현대원(2005). “디지털영상아카이빙 도입 필요성 및 현안과제”. 《영상문화콘텐츠 디지털 아카이빙 컨퍼런스 발표집》, 62~71쪽.

07
AI가 창조하는 인공지능 아트

AI가 창작자가 될 수 있나?라는 질문에 지금은 너무나 당연하게 될 수 있다고 답할 것이다. 인공지능의 창조성이 하루가 다르게 발전하는 세상 속에서 인간 창작자들이 설 자리는 어디이고 어떻게 될 것인가?

AI와 애니메이션?

인공지능과 예술 창작

인공지능이라는 단어는 상당히 광범위하게 쓰이고 있다. 인공지능의 레벨을 4단계 정도로 나누어 생각한다면 1단계는 단순한 제어프로그램이 적용된 마케팅적인 용어이자 제어 공학이나 시스템 공학을 지칭한다. 2단계의 인공지능은 고전적인 인공지능으로 입력과 출력이 다채로운 경우로서, 게임 프로그램이나 질문에 대답하는 인공지능 같은 것을 일컫는다. 더 발달된 3단계로는 기계학습을 받아들인 인공지능이 있다. 4단계는 최근 빅데이터와 딥러닝을 이용하여 놀라운 속도로 발전하고 있는 높은 단계의 인공지능이라고 말할 수 있다(마쓰오 유타카, 2015).

문화 예술 분야에서는 앞서 서술했던 인공지능의 발전 단계 중 주로 1, 2단계의 인공지능이 많이 쓰이고 있다. 특히 생성형 인공지능(GAI) 기술 발달은 게임 아트, 옵 아트, 인공지능 아트, 비주얼 아트 등 다양한 시각예술 장르에 도입되어 관람객에게 매력적인 창작물로서 발전하고 있다. 생성형 인공지능은 사람이 그리는 것보다 빠르고 정확한 생성형 이미지 기술을 탑재하고 있으며, 이는 시각예술의 가장 큰 목적인 '예술적인 이미지 생성'에 부합하기에 시간이 지날수록 많은 작가들이 필수적으로 사용하고 있다.

얼마 전까지만 해도 사람들은 인공지능이 '상상하고 생각하는' 능력이 부족하다고 믿었고, 인공지능 로봇은 강하고 힘센 천하무적이거나 사람의 일을 대신해 생활에 편리함을 더해 주는 존재로 여겨졌다(태혜신 · 김선영, 2019). 인공지능 기술의 발전은 섬세하고 창조적인 예술의 영역에 도전하고 있으며, 예술 각 분야에서 관찰되는 인공지능의 성취와 영역 확장은 획기적으로 발전하고 있다. 이러한 인공지능 분야의 진보와 로봇의 발전은 '예술가가 된다는 것이 무엇을 의미하는지'에 대한 정의 자체를 고민하게 만들고 있다(김선영, 2018). 인공지능 아트(Artificial Intelligence Art)는 인공지능 프로그램을 사용하여 만든 예술 작품으로 이미지 및 음악 작곡을 말하며, 디지털 아트와는 달리 인간 아티스트의 직접적인 입력 없이 예술을 자율적으로 생산할 수 있는 알고리즘과 딥러닝 기술을 사용하는 특징이 있다(황령옥 · 김형기 2024). 인공지능 기술의 발전과 이를 활용하는 창작자가 늘어날수록 인공지능 아트의 수는 지속적으로 증가할 전망으로, 시각예술을 기록하는 아트 아카이브의 예술 기록에도 큰 변화를 가져올 것으로 예상한다.

문화 예술인은 인공지능을 과거 이젤, 붓처럼 사람이

다루는 도구라는 인식에서 벗어나 조력자, 창작자로 인식하고 있다. 고정민 · 박미연(2022)은 인공지능 기술이 문화 예술인에게 미치는 인식 유형을 ①예술 창작은 인간 고유 능력이며 인공지능을 예술 창작의 도구, ②인공지능의 창작 능력을 인정하면서 창작자에게 영감을 불어넣고 예술의 영역 확장에 도움을 주는 창작 조력자, ③인공지능의 창작물이 예술적 가치를 지니며 예술 시장에서 예술로 인정하면서 예술적 가치와 창작의 주체로 인정, ④인공지능의 창작물은 예술의 개념을 확장하고 예술 발전에 도움을 준다는 인식으로 정리했다.

인공지능을 바탕으로 하는 생성 예술(Generative Art)의 역사는 컴퓨터 그래픽의 초기와 컴퓨터 발명으로 거슬러 올라갈 수 있다. 1950년대와 1960년대에 컴퓨터 그래픽은 단순한 패턴과 모양을 생성하는 데 사용되었다. 이 분야의 초기 예는 컴퓨터 화면에 렌더링 된 패턴을 만드는 기본 알고리즘을 사용하여 만들어졌다(조영각 · 김현주, 2024). 본격적인 인공지능 예술의 시초라 할 수 있는 예는 1973년 해럴드 코헨(Harold Cohen)이 아론(AARON)이라는 일련의 알고리즘을 개발하여, 컴퓨터가 불규칙성을 사용하여 자유 형태의 이미지를 만들었다. 그는 프로그램이 해야 할 모든 일들을 상세히 공부해

적어 놓았으며, 인공지능이 인간을 그리기 위한 프로그래밍을 위해 인간의 신체 구조를 면밀히 공부했다. 그가 천착한 분야는 신체 구조, 관절의 움직임, 팔의 움직임, 어깨의 수평 회전, 팔꿈치의 수직 회전, 손목의 회전, 손의 개폐, 팔꿈치에서 손을 뻗을 수 있는 거리 등이었다. 그는 이를 상세히 연구하고 측정해 제어하는 프로그래밍을 했다. 이러한 세밀한 연구를 바탕으로 코헨은 아론이 자연스러운 인물화를 그릴 수 있도록 알고리즘을 만들어 냈다(연합뉴스, 2024).

현대 시각예술 현장은 작가들이 본격적으로 인공지능과 예술의 관계를 고민하는 움직임이 본격적으로 일어나고 있다. 2022년 10월 최초의 인공지능이 만들어 낸 작품만으로 구성한 인공지능 아트 전시회가 미국에서 열렸다. 오픈 AI가 개발한 이미지 생성 AI '달리(DALL-E)'는 텍스트를 입력하면 고해상도 이미지를 생성하는 기능을 가지고 있다. 매트 보그스 USC 아맨슨 랩의 미디어아트 전문가는 AI 예술을 사진이 처음 발명되었을 때와 비교하며 "당시 예술가들은 버튼만 클릭하면 되는 사진은 진정한 예술이 아니라고 했지만 시간이 지나면서 사진을 예술 형식으로 받아들이게 됐다"고 설명했다(박찬, 2022). 인공지능 아트에 대한 갑론을박은 현재 진행형이지만, 과거 사진이 그래왔던 것처럼 고유의 예술 영역으로 인정받고 있는 추세로 전망한다. 인공지능이 더 발전할수록 인간 고유의 창의성을 비롯한 특성을 소화하고 있다. 인공지능이 강해질수록 법, 제도적으로 분쟁이 일어날 수 있어 이를 어떻게 풀어낼 지는 법조계, 예술계를 비롯한 모든 분야의 숙제다.

인공지능 기술 중 시각예술에서 가장 주목하는 기술은 생성형 인공지능으로, 학습된 데이터를 기반으로 고도화된 LLM(Large language model, 거대 언어 모델)을 통해 사용자의 질문과 맥락을 분석해 답변하면서 새로운 콘텐츠를 창작할 수 있는 AI를 의미한다(한송이 · 김태종, 2022). 생성형 인공지능은 필요한 결과물을 출력하기 위해 설명하는 입력 메시지인 프롬프트(Prompt)를 탑재하고 있고, 특히 방대한 데이터를 학습하여 지시대로 결과물을 출력하는 인공지능 특성상 프롬프트가 보내는 메시지는 굉장한 정교함을 요구한다(이명주 · 최에스더, 2023). 인간 작가만의 전유물로 생각했던 창의성을 인공지능이 넘보면서 가격 측면에서도 큰 성장을 이루었다. 2018년 크리스티가 진행한 뉴욕 경매에서 인공지능 'GAN'이 그린 최초의 인공지능 그림이 43만2500달러에 낙찰(곽노필, 2018)되고 2024년 런던에서 개최한

소더비 경매에 '아이다(AI-DA)'가 그린 'AI 신(AI God)'이 132만 달러에 팔리면서(이정현, 2024), 생성형 인공지능은 인간이 만든 작품 가격에 못지않은 실적을 거두었다.

또 다른 사례로, 2017년 노진아가 발표한 "진화하는 신 가이아"에는 자연어 처리 분야에서 주로 쓰이는 중심어 기반 닫힌 도메인 질의응답 시스템(keyword-based closed domain question answering)을 대화형 인공지능 인터랙티브 아트로 활용하는 2단계의 인공지능이 사용되었다고 할 수 있다. 가이아란 대지의 어머니이자, 스스로 조절하며 상호작용하는 지구를 칭한다. 가이아 이론은 지구를 자기 조절 능력을 가진, 즉 모든 생명체와 무생물이 서로 상호작용하며 에너지를 보충하는 유기체로 본다. 자기 조절 시스템을 가지고 있는 지구의 생명체를 동경하여 '가이아'라는 이름을 갖게 된 이 기계 인형은 반은 사람, 반은 나무의 형상을 하고 있으며 사람들의 단순한 질문에도 꽤 복잡하고 철학적인 대답을 한다. 관객들은 가이아의 예상 밖의 대답에 당황하며 기계 인형과의 대화를 이어가기가 쉽지 않음을 깨닫게 된다. 관객의 질문이 단순하고 한정된 것에 비해 가이아의 대답은 오히려 풍부하다. 관객과 가이아의 대화만을 놓고 보면 빈

곤한 상상력은 오히려 인간의 영역인 것처럼 느껴진다. 완성되지 않은 인공 생명체는 여전히 아기 같은 단계지만 관객과의 대화를 학습하여 놀라운 속도로 자라나며, 어느 순간 자기 복제 능력을 갖추고 우리를 지배하는 여왕, 가이아가 될 수 있다(백남준아트센터, 2025).

인공지능을 이용하는 이미지 창작에서 가장 널리 쓰이고 있는 프로그램은 스테이블 디퓨전(Stable diffusion), 미드저니(Midjourney), 달리(DALL-E)가 있다. 이들 메커니즘은 이미지 및 텍스트를 활용해서 다시 새로운 이미지를 만들어 내거나 묘사해서 결과물을 도출한다. 처음에는 단순히 이미지를 새로 만드는 것부터 시작해서 버전 업그레이드가 진행될수록 이미지를 수정할 수 있는 기능 옵션을 추가 선택하게 할 수 있으며, 오픈소스라는 폭넓은 접근성과 오픈 커뮤니티 기반의 의견교환으로 사용자들의 활용에 대한 정보 교류를 통해 사용자 능력을 향상시키고 있다.

그러나 발달한 인공지능이 예술 부문을 잠식할수록 기존 예술가들의 반발도 존재한다. 2025년 2월 크리스티가 인공지능이 만들어 낸 미술품만을 가지고 경매를 예고하자 6500여 명에 달하는 예술가들이 반발하며 경매 취소를 요구했다. 기존 예술가들의 작품을 허락 없이 학습에 사용한 AI 모델과 사용자를 지원하는 이런 행사가 인간 예술가들의 작품을 도용하는 것을 부추긴다는 이유에서다. 그러나 크리스티는 경매를 강행해서 결과적으로 경매의 최저 추정치인 60만 달러보다 더 많은 72만여 달러를 벌어들었다(임대준, 2025). 결국, 기존 예술가들의 반발은 존재할 수 있으나 인공지능의 예술 창작성은 세계적으로 인정받고 있다고 할 수 있다.

인공지능과 예술 보존

인공지능의 발달은 예술 창작만이 아닌 작품의 보존 복원 기술에도 획기적인 혁신을 이루고 있다. 2019년 네덜란드 국립미술관은 렘브란트의 화풍을 학습한 AI 기술로 〈야경(The Night Watch)〉(1642)에서 훼손되거나 손실된 부분을 복원하는 "야경 작전(Operation Night Watch)"을 발표하였다. 야경은 렘브란트의 대표작으로서 당시 시대상을 잘 나타내는 화풍과 명암 대비로 많은 관람객의 주목을 받은 작품이다. 그러나 〈야경〉이 1715년 암스테르담 시청으로 전시를 위해 옮겨지면서 당시 시청 벽면보다 작품의 크기가 더 컸기에 작품의 왼쪽 60cm, 오른쪽 7cm, 윗부분 22cm, 아랫부분 12cm를 비롯한 작품의 상당 부분이 잘려나갔다. 1975년에 한 관람객에 의해 칼로 찢기는 사고, 1990년에 어느 관람객이 염산을 그림에 뿌리고, 자연적으로 물감의 색이 퇴색되는 등 작품의 품질에 손상이 가는 문제점들이 생겨났다.

이에 네덜란드 국립미술관은 인공지능 모델을 사용해 렘브란트의 붓질과 화풍을 학습시켜 〈야경〉을 복원하기로 결정하였다. 〈야경〉의 원본을 찾을 수는 없지만 당대 〈야경〉을 모사했던 모작들을 여러 알고리즘에 학습 적용해 분석된 자료를 통해 1715년에 손실된 부분을 재구성한 것이다. 모든 복원 작업은 영상 아카이브로 남겨져 전 세계인들이 볼 수 있도록 기록을 남겼다. AI에 반영된 17세기 안료와 색조가 렘브란트의 색감을 최대한 재현한다. AI는 렘브란트의 창작 기법을 이해하고 이를 현대적인 기술로 망실된 부분을 채워가는 역할을 수행했다. 그 결과 〈야경〉의 왼쪽에 새로운 인물 2인이 추가되고 일부 인물들의 묘사가 바뀌는 등 대대적인 변화가 일어났다. 3D 프린팅 기술로 복원된 이미지는 렘브란트가 직접 그린 원작과 유사한 질감에 가깝도록 노력하였다. 2021년 〈야경〉의 인공지능 복원이 성료되어 현재 네덜란드 국립미술관에서 전시하고 있다.

이렇듯 미술 시장에서 인공지능이 창작한 작품은 인간 작가가 창조한 작품 못지않은 경제성을 증명하였다.

인공지능은 과거 작가의 조력자로 기능하는 도구에서 인간 작가와 대등한 창작자로 인식되면서 현대 시각예술의 흐름을 선도하고 있다.

인공지능이 인간과 대등한 창의성을 예술에서 발휘하면, 인공지능이 창작한 작품의 아트 아카이브는 무엇일까? 소스코드? 창작자의 키보드? 작품과 아카이브 구분법은 더 이상 유효한가? 아트 아카이브를 구축하는 기관들의 아카이브를 바라보는 개념이 달라질 수 있을지 모른다.

참고문헌

고정민·박미연(2023). "인공지능 기술이 문화 예술에 미치는 영향에 대한 인식 유형 연구". 《한국콘텐츠학회》, 23(6), 248~259쪽.

곽노필(2018). "인공지능 그림 첫 경매… 5억원에 팔렸다". 한겨레. https://www.hani.co.kr/arti/science/technology/867532.html

김선영(2018). 《예술로 읽는 4차산업혁명》. 별출판사.

박찬(2022). "세계 첫 인공지능 작품 전시회 개막". AI타임즈. https://www.aitimes.com/news/articleView.html?idxno=147641

백남준아트센터. https://njp.ggcf.kr/

이명주·최에스더(2023). "텍스트 프롬프트 입력을 기반으로 생성된 네일아트 디자인 창작 연구: 이미지 생성 인공지능(AI) 모델인 DALL-E 2와 Bing Image Creator를 중심으로".

《한국미용학회지》, 29(4), 1058~1065쪽.
임대준(2025). "예술가 반대 불구하고 크리시티 'AI 경매'서 10억 수익… "생성 AI 예술 가능성 보여"". AI타임즈. https://www.aitimes.com/news/articleView.html?idxno=168611
조영각·김현주(2024). "기술철학적 관점을 반영한 생성적 인공지능 예술창작 사례 연구". 《디지털콘텐츠학회논문지》, 25(9), 2525~2541쪽.
태혜신·김선영(2019). "인공지능과 예술의 융합 양상에 관한 탐색적 고찰". 《한국무용과학회지》, 36(2), 27~42쪽.
한송이·김태종(2022). "국내 인공지능 교육 연구동향 분석: LDA기법을 활용한 키워드 및 토픽 분석을 중심으로". 《학습자중심교과교육연구》, 22(13), 281~294쪽.
황령옥·김형기(2024). "인공지능 예술: 예술 매체로서의 지각적 인터랙티브 특성에 관한 연구". 《Asia-pacific Journal of Convergent Research Interchange》, 10(9), 123~132쪽.
마쓰오 유타카(2015). 《인공지능과 딥러닝: 인공지능이 불러올 산업구조의 변화와 혁신》. 박기원 옮김. 동아엠엔비.

08
AI가 아카이브에 미치는 영향

인공지능이 모든 분야에 변화를 가져오는 상황에서 아카이브라고 예외가 될 수 없다. 인공지능과 아카이브의 만남은 큰 변화를 불러올 것으로 전망할 정도로 강력한 조합이다.

AI와 인재 채용?

인공지능과 아카이브의 결합

만약 기술적인 측면에서 인공지능을 사용하여 시간이 많이 소요되는 작업을 수행한다면, 기록 담당자와 기타 정보 전문가는 남는 시간을 활용하여 다른 복잡한 작업이나 창의성을 요하는 작업을 처리할 수 있고, 그 결과 더 많은 디지털 기록 처리를 수행할 수 있을 것이다. 예를 들어 기록 관리 체계 수립 과정의 계획에 따라 체계적으로 정리하는 분류 같은 작업에 인공지능이 적절히 활용될 여지가 충분하다. 또 기록 검색 체계의 경우 '지능형 기록 관리'라는 개념 아래 인공지능과 빅데이터 분석 등이 사용되고 도입 중이다.

인공지능이 아직 적용되지 않았거나 이제 막 적용되기 시작한 기록 보존 영역도 존재한다. 예를 들어, 인공지능은 기존 카탈로그에서 어떤 방식으로든 교정해야 하는 비문이나 부적절한 언어 감지, 시청각 자료의 디지털화 과정에서 발생하는 품질 문제 관리에 사용할 수 있다. 인공지능 사용이 본격적으로 발전한다면, 생성형 인공지능을 가지고 이 기술을 가장 잘 적용하는 방법, 인공지능의 사용 시점을 잘 파악하는 방법, 그리고 인공지능이 생성한 자료를 다시 저장소에서 보존하는 방법 등 전에 존재하지 않았던 새로운 과제들이 등장할 수 있을 것이다. 그럼에도 불구하고 인공지능은 매일 생산되는 엄청난 디지털 기록 처리에 필수불가결한 도구로서 기능할 잠재력을 가지고 있다.

방송 아카이빙

아카이브의 인공지능 도입을 가장 적극적으로 행하고 있는 곳 중 하나는 바로 방송사다. 방송사들은 기본적으로 막대한 양의 영상 아카이브를 구축하고 있다. MBC의 경우 영상 아카이브에 보관되어 있는 수십만 개의 아날로그와 SD급 콘텐츠를 대상으로 HD급 수준의 영상 화질로 품질을 향상시키기 위해 AI 영상 화질 개선시스템을 2020년에 개발 구축해서 여러 목적에 활용하고 있다. 또 HD급 콘텐츠를 4K 초고화질급으로 변환하는 기술로 고도화해서 실서비스 적용을 눈앞에 두고 있다. 그리고 2년의 STT(Speech To Text, 음성문자변환) 베타서비스를 통해 얻어진 사용성 검증과 운영 경험을 바탕으로 STT HUB 서비스를 개발 구축해서 2022년부터 보도와 시사교양 프로그램의 제작 워크플로에 적용하고 있다(성시훈, 2023).

이처럼 영상 아카이브에 인공지능 기술을 활용하여 영상콘텐츠 수집, 화질 개선, 미디어 제작뿐만 아니라 다양한 분야의 학술 연구와 접목하는 사례가 늘어나고 있다. 국제 공공 영상아카이브의 인공지능 프로젝트 가운데 프랑스 국립방송아카이브 이나(INA)와 벨기에 플랑드르 공공 영상아카이브 미무(Meemoo)는 공공 차원에서 운영되는 아카이브 기관이 각국 공영방송사 등 방송·미디어사와 함께 인공지능(AI) 학습데이터 수집·분석·활용을 시행하기도 했다(최효진, 2024).

아카이브와 인공지능 창작

앞서, 인공지능은 충분히 문화 예술의 창작자 역할을 수행할 수 있음을 살펴보았다. 인공지능이 창작자 역할을 할 수 있다면, 다시 인공지능이 창작한 창작물을 아카이브해서 보존하고, 다시 보존한 자료를 토대로 새로운 창작물을 만들 수 있지 않을까? 웨인 맥그리거(Wayne McGregor)가 구글 아트 앤 컬처 랩(Google Arts and Culture Lab)과 협업하여 AI 안무 프로그램을 개발하는 리빙 아카이브(Living Archive) 프로젝트는 인공지능이 실현하는 아카이브와 예술의 주기적인 선순환의 가능성을 보여준다. 과거 데이터를 학습, 현재에 머신러닝 알고리즘을 바탕으로 무용 아카이브에 저장된 움직임들을 분석하고 학습하여, 약 25년간의 활동기간 동안 축적된

50만 개의 움직임을 지도화했다. 시각적 유사성에 따라 정리된 아카이브는 방대한 데이터를 기반으로 안무 동작들을 생성했다. 안무가는 그중 원하는 동작을 선택하여 안무를 재구성하고 스튜디오에 있는 10명의 무용수들의 개별적인 신체 스타일을 습득한 인공지능은 실시간으로 웹캠을 통해 각 무용수의 3~5초 길이의 동작을 포착했다. 그다음 이어질 만한 5~10초 길이의 독창적인 동작 30개를 즉시 스크린에 보여줬고, 맥그리거와 무용수들은 움직임들을 선택하여 시퀀스를 구성했다(임수진, 2022). 리빙 아카이브 인공지능이 창작한 움직임 시퀀스를 활용하여 2019년 'LA뮤직 센터'에서 30분 길이의 작품 〈리빙 아카이브: AI 퍼포먼스 실험〉을 공연하였고, 이는 다시 아카이브로 기록되었다. 학습-창작-보존이라는 세트가 순환적으로 돌아가면서 새로운 예술을 창작하고 보존하고 다시 회전하는 순환 시스템의 모범적 사례로 기록될 수 있다.

인공지능 아티스트인 르픽 아나돌(Refik Anadol)은 예술과 인공지능의 결합에 초점을 맞추고 작업하는 예술가다. 아나돌은 2021년 MoMA와 협업하면서 MoMA가 소장하고 있는 아트 아카이브를 이용하였다. MoMA의 아트 아카이브 13만 8000여 건의 기록에 근간을 두고

엔비디아에서 개발한 StyleGAN 생성형 AI 툴을 활용해서 뉴미디어 아트플랫폼 페럴 파일(Feral File)을 창작해서 전시했다. 코로나 시기 전시된 페럴 파일은 SNS 및 온라인에서 크게 반향을 일으켰다. 그의 자료 수집은 시청각을 비롯한 모든 데이터를 수집하며, MoMA 아트 아카이브나 스미스소니언 데이터를 비롯한 대용량 데이터를 생성형 인공지능에 학습하는 것이 특징이다. 가면 갈수록 확대하고 있는 인공지능 아트에 빠져서는 안 될 중요한 아티스트로 자리매김 하고 있다.

인피니트 허바리움(Infinite Herbarium)은 구글의 비주얼 아티스트인 캐롤라인 로스웰(Caroline Rothwell)과 구글의 크리에이티브 랩과 협업한 프로젝트다. 캐롤라인은 크리에이티브 랩과 함께 머신러닝 기술을 이용해서 식물의 데이터셋과 식물에서 일어나는 다양한 경험을 식물 기록 아카이브로 알아내고 해석해 참여형 웹 어플리케이션 Infinite Herbarium을 만들었다. 만들어진 새로운 식물의 조합은 AR를 통해서 경험할 수 있게 하는 프로그램이다. 이 작품은 2021년 'National 2021: New Australian Art exhibition'으로 호주의 현대 미술관과 시드니 왕립식물원에서 전시되었다. 구글 렌즈를 구동하는 것과 같은 유사한 기술로 두 식물을 확인한 후,

생물다양성 유산 도서관(Biodiversity Heritage Library)에서 제공하는 일러스트레이션에 대한 노출을 통해 돌연변이 이미지를 생성하도록 훈련된 모델을 만들어, 이용자들은 자신만의 식물을 작가가 제공하는 다양한 경험을 근간으로 만들어 볼 수 있었다. 시각예술을 아카이빙한 자료를 기반으로 다시 새로운 작품을 창작하는 프로그램을 통해 전시 관람객과의 상호작용을 진행할 수 있다(정지윤, 2022).

인공지능과 아카이브와의 결합은 이처럼 인공지능의 창작 능력 향상과 새로운 예술 창조에 적절한 궁합을 맞추고 있다. 디지털 시대에 적게는 수천 건에서 많게는 수십 수백만 건의 아카이브를 기록 기관들이 축적하고 있고, 이는 생성형 인공지능을 학습시키는 데 매우 적합한 요소를 가지고 있다. 예를 들어 국립현대미술관이 소장하고 있는 수십만 건의 미술 아카이브를 인공지능에 학습한다면 어떠한 결과물이 나올 수 있을까? 최소한 현대미술 작가들의 생애사를 연구하는 데 큰 도움이 되지 않을까 추측할 수 있다. 시각예술은 무용과 유사한 퍼포먼스 스타일의 시청각 아카이브도 적지 않다. 무용계의 사례처럼 인공지능이 작가의 퍼포먼스를 분석하고 보존하면서 학습을 통한다면 새로운 창작물이 나올 수 있을지 기대한다.

분류와 보존 활용

기록 관리에서 인공지능에 기대할 수 있는 가장 보편적인 기능은 '분류'일 수 있다. 분류란 기록을 일정한 체계에 따라 범주화시켜서 정리하고 보존 활용하는 것을 의미한다. 인공지능에 기반을 둔 데이터 유형의 분류는 마이크로소프트 개발의 자연어 처리 모델인 코드버트(CodeBERT)와 다중 객체 인식이 가능한 욜로(YOLO) 알고리즘이 대표적으로 대용량 데이터의 전처리와 텍스트 분류에 사용하고 있다. 이러한 인공지능을 활용한 데이터 처리는 아카이브에 서서히 적용되고 있다. 홍콩과학기술대학교(HKUST) 도서관에는 10여 년 전에 개발된 'HKUST 디지털 이미지(HKUST Digital Images)'라는 아카이브 사이트가 있다. 이 사이트에는 1988년부터 2000년대 초까지의 대학 초기 행사 사진 3만 장 이상을 보존한 HKUST의 역사를 담은 아카이브다. 캠퍼스 건설, 교수 및 학습 활동, 컨퍼런스 및 세미나, 모임, 학생 생활, 직원 행사 등 다양한 장면을 포함하고 있다. HKUST는 DS CoLab 프로젝트를 통해 아카이브 디지털 이미지 컬렉션 메타데이터 생성에 성공하였고, 객체 탐지, 이미지

태깅, 얼굴 인식, 이미지-텍스트 변환 분야를 포괄하는 컴퓨터 비전에 특화된 5개 AI 모델을 실험했다(국립중앙도서관, 2025). 기존의 분류는 연구자들이 수작업으로 해당 자료의 맥락을 분석하면서 진행하는 수작업 형태의 프로젝트 형식이 많다. 그러나 증가하는 데이터를 처리하기에 사람의 수작업은 한계에 달했다고 볼 수 있으며 인공지능을 활용한 분류 혹은 솔루션을 활용한 분류 연구가 적지 않은 실정이다.

인공지능은 이미지, 텍스트, 음성 등 다양한 형식의 자료를 분석하여 스토리지 기술에 의해 메타데이터를 생성할 수 있고, 인공지능 머신러닝 기술은 메타데이터의 오류나 불일치를 수정하면서 정보의 품질 향상에 도움을 준다는 것이 확인되었다(쿠마르 고스와미, 2023). 인공지능은 자료 분석만이 아닌 디지털 아카이브를 이용하는 이용자 패턴, 관심, 이용 자료 등을 분석해서 기관이 개인마다 제공하는 콘텐츠를 향상시킬 수 있다.

아카이브의 보존은 주요한 기능으로서, 훼손된 자료의 복원과 보존을 매우 중요한 과업으로 수행하고 있다. 인공지능은 아카이브를 넘어서 훼손된 문화재와 작품의 보존 복원에 큰 힘이 되고 있다. 미술 작품은 오랜 시간을 지나면서 훼손 가능성이 높아지는 특성을 가지고 있다. 과학자들은 방대한 데이터를 빠르게 분석하는 알고리즘을 개발하고, 이를 통해 특정 화가나 시대 스타일을 반영한 디지털 복원본을 생성하는 데 이미 성공했다. 그러나 지금까지 이러한 복원은 가상 이미지나 독립된 프린트 형태로만 존재했고, 원본 작품에 직접 적용하는 것은 불가능했다. MIT에서는 인공지능 알고리즘을 사용해서 색상과 복원이 필요한 영역을 지도화하는 소프트웨어를 개발하고 원본을 직접 복원하는 실험에 성공했다. 복원에 진행한 디지털 파일은 복원 기록으로 보존되면서 어떤 부분이 복원되었는지 정확히 확인할 수 있다(권예슬, 2025). 프랑스 파리 노트르담 대성당은 화재 이후 3D 스캐닝과 3D 프린팅 기술 등을 활용해 복원하고, 대한민국 경복궁도 전통 건축 기법과 함께 VR를 복원에 활용했다. 이탈리아 폼페이 유적은 AI 기술과 나노코팅을 활용해 벽화를 복원했고, 중국 둔황 막고굴 벽화는 AI 기반 벽화 색상 복원과 디지털 아카이빙을 활용해 복원했다(이성용, 2025). 인공지능을 활용한 보존 기법의 발달은 지류, 영상, 음성 등으로 구성된 아카이브의 손상된 자료의 복원 작업을 더욱 신속하고 정확하게 복구한다. 영상 아카이빙에 적용한 경우 열화된 데이터 복원과 품질 향상에 혁신적으로 기여한다.

인공지능이 아직 적용되지 않은 기록 보존 작업도 있을 수 있다. 예를 들어 현 시대와 맞지 않은 윤리적 기준, 혹은 비문이라든지 어떠한 기준 및 방식을 통해 변경해야만 하는 내용이 아카이브에 존재할 수 있다. 인공지능의 대용량 학습 기능을 통해 이러한 내용을 감지하고 걸러낼 수 있다. 지금의 기준으로 당대의 자료 내용에 손을 거치는 것은 무리일 것이다. 그러나 디지털 아카이브 역사가 오래되지 않은 상황에서 인공지능에 새로운 아카이빙을 학습시킬 때 교정 작업이 없으면 현대의 편견이 그대로 학습되는 결과를 맞이할 수 있다. 인공지능 학습에 사용된 현대의 데이터는 우리의 다양한 편향(bias)을 그대로 반영하고 있음을 인식해야 한다. 허유선(2024)은 이에 구체적인 사례로 인공지능이 면접자 모델을 구분하는 과정에서 비효율적인 근로자를 구분한 결과에 '여성'의 특성을 반영한 사례 등을 제시하였다. 대한민국은 과학기술정보통신부 주관 아래 인공지능 알고리즘의 좋지 못한 편향성(spurious bias) 제거 연구를 통해 새로운 기계 학습 방법론을 제안하고 있다(과학기술정보통신부, 2024). 인공지능의 데이터 편향성은 기술적, 윤리적으로 같이 접근하는 방안으로 과학계만이 아닌 철학을 비롯한 관련 학문이 공조해서 수행하는 것이다.

인공지능은 분명히 아카이브에 적용하고 사용하기에 적절한 기술적 특징을 가지고 있다고 말할 수 있다. 아카이브 분야에 혁신적인 변화를 가져올 잠재력이 충분하며, 아카이브를 사용해서 새로운 예술 창작물을 만들고 다시 아카이브를 만들어서 보존할 수 있는 능력이 있다. 하지만 인공지능 도입에 생겨날 수 있는 여러 문제점들이 존재할 것이고, 현재진행형으로 지적되고 있다. 그래서 인공지능으로 발생할 수 있는 문제점을 분석하고 신중한 검토를 통해 대비책을 마련하는 것이 필요할 것으로 전망한다.

참고문헌

과학기술정보통신부(2024). "편향성 제거를 위한 인공지능 알고리즘 연구 및 응용: 국가R&D연구보고서". 과학기술정보통신부.

국립중앙도서관(2025). "아카이브 자료의 맥락화 강화: 인공지능을 활용한 이미지 처리". https://librarian.nl.go.kr/LI/contents/L30201000000.do?schM=view&id=50865&schBcid=BBSMSTR_451

성시훈(2023). "MBC의 미디어AI 서비스". 《방송과 미디어》, 28(2), 53~59쪽.

이성용(2025). ""사라진 역사를 되살리다" … 문화재 복원, 혁신 첨단기술이 '답'이다". 특허뉴스. https://www.e-patentnews.com/12507

임수진(2022). "인공지능 안무 시대의 주체적 몸을 위한 제언".

《트랜스-》, 12, 1~19쪽.

정지윤(2022). "인공지능을 활용한 AI 예술 창작도구 사례 연구". 《트랜스-》, 13, 117~140쪽.

최효진(2024). "인공지능(AI) 기반 방송미디어 아카이브 관리와 공적 활용 해외 사례: 프랑스 국립방송아카이브 이나(INA) & 벨기에 플랑드르 공공영상아카이브 미무(Meemoo)". 《미디어이슈&트렌드》, 64, 69~89쪽.

허유선(2024). "인공지능과 젠더 편향". 성균관대학교 유교문화연구소 비판유학·현대경학 연구센터 학술대회: 포스트휴먼 시대, 여성주의적 유학.

쿠마르 고스와미(2023). "AI 활용한 메타데이터 및 비즈니스 성과 개선법". GTT KOREA. https://www.gttkorea.com/news/articleView.html?idxno=7111

09
아트 아카이브 저작권과 AI

아무리 좋은 무기라도 허락을 받지 않으면 쓸 수 없다. 저작권에 민감한 아트 아카이브에 인공지능의 등장은 예전과 또 다른 저작권 문제를 가져올 수 있다.

AI와 기자?

아트 아카이브의 인공지능 관련 저작권 문제

아트 아카이브를 비롯한 문화 예술 아카이브 구축에서 가장 중요한 쟁점은 바로 저작권 문제다. 가령 A작가의 작품 사진 촬영을 실시했을 때 사진 촬영을 시행한 사진가의 2차 저작권이 발생하는데 이를 두고 현장에서 갑론을박이 벌어진다. 특수한 경우가 아니면 결국 계약서를 작성해서 저작권 문제를 해결하는 것이 현실이다. 하지만 디지털 서비스가 보편화되면서 수만 수십만 건의 자료의 저작권 문제를 관리하는 담당자가 일일이 관리하기 쉽지 않은 실정이다. 인공지능은 특성적으로 대용량 데이터를 분석, 처리를 비롯한 관리적인 측면에서 인간보다 탁월하다. 아카이브의 저작권 문제를 생성형 인공지능에 저작권 정보를 학습시켜 관리하는 방안도 생각할 수 있다. 국립극장, 국립국악원을 비롯한 문화 예술 기관들은 아카이브 관리시스템에 UCI(Universal Content Identifier, 웹 콘텐츠 등록 관리제) 기능을 도입해서 아카이브 저작권을 관리하고 있다.

아트 아카이브의 저작권 대비에 새로운 위협으로 떠오르는 기술이 바로 AI 크롤러다. 아카이브의 '공개'되고 열려있는 특성상 AI 크롤러의 좋은 먹잇감이 되고 있다. 위키백과(Wikipedia)는 인공지능 기업들이 자사의 AI

크롤러를 훈련시키기 위해서 위키데이터를 자동으로 수집해 가는 바람에 다운로드 트래픽이 50% 이상 급증하는 등 자원 소비가 급증하였다(정한영, 2025). AI 크롤링으로 인한 트래픽을 막기 위해 AI 크롤러를 막아버리는 정보 공급자가 늘고 있다. 미국의 법률 판례를 살펴보면, 메타(META)나 X를 비롯한 플랫폼 기업들이 공개된 성질의 자료라 할지라도 AI 크롤링이 이를 무단 스크랩을 했다고 소송을 걸었지만 패소했다. 특히 아트 아카이브는 저작권에 민감한 속성을 가지고 있어 AI 크롤링에 매우 민감하다. 국내 몇몇 아트 아카이브의 비공개 정책 사유도 AI 크롤링을 비롯한 정보를 긁어가는 방식에 대응해 고육지책으로 실시하고 있는지 모른다.

인공지능 시대의 새로운 저작권 이슈에 대비하기 위해서는 저작권을 방어하는 측이 인공지능을 활용해서 DRM(Digital Rights Management)을 적용하는 방법이 있다. 인공지능 및 머신러닝 기술은 DRM의 효율성과 정확성 향상에 사용될 수 있으며, 인공지능 기반 DRM은 콘텐츠의 출처와 진위를 확인하여 불법 복제 콘텐츠를 자동으로 식별하고 삭제할 수 있다. 또한 사용자 행동을 분석하여 잠재적인 위협을 예측하고 콘텐츠에 대한 부적절한 접근을 차단할 수 있어 DRM의 효율성과 정확성을 향상한다(한국저작권위원회, 2024). 아트 디지털 아카이브에 들어가야 할 차세대 DRM 기능으로 생성형 인공지능을 활용해서 만들어진 산출물(문서, 영상, 음성 등)의 유사도 비교 및 원본 추적 기술, 스마트폰 등 외부 촬영 방지 프로그램, 인공지능의 창작물에 대한 워터마킹 기술 개발 등을 논의할 수 있다(강지성 · 권지연, 2025).

시각예술, 공연예술을 비롯한 문화 예술계의 전반에 인공지능을 사용해서 작품을 창작하는 풍토는 이미 정착이 되었다고 할 수 있다. 그러나 인공지능을 사용한 작품을 비롯한 콘텐츠, 데이터 등에 어디까지 저작자의 권리를 인정해야 하는지 아직 논란이 적지 않다. 예를 들어 인공지능을 사용해서 창작물을 만들어 낸 작가는 저작권자로 들어갈 수 있지만, 인공지능을 개발한 기업이나 개발자를 저작권자 혹은 작가로 부르지 않는다. 좁게는 작가의 부속물부터 넓게는 작품까지 포괄할 수 있는 아트 아카이브도 저작권 문제가 발생할 수 있다. 아트 아카이브는 미술관을 비롯한 시각예술 관련 기관에서 축적한 기관 아카이브와 작가의 작품 외의 학술, 작품 활동에 파생된 부산물, 전시 등 작가와 연관한 다양한 예술 기록으로 나눌 수 있다.

만약 아나돌처럼 예술가가 생성형 인공지능에 아트 아카이브로 축적한 자료를 학습시켜 전시로 서비스한다고 가정하면 저작권을 어떻게 적용해야 할까? 전시권, 전송권, 복제권을 비롯한 저작권 이용 허락을 각 저작권자로부터 허락을 받아야 자유롭게 이용할 수 있을 것이다. 아나돌은 저작권자인 MoMA의 허락 아래 인공지능이 MoMA 아카이브 학습을 실시하고 작품을 만들어 MoMA에서 전시를 할 수 있었다.

반대로 생각하면, 아트 아카이브를 수집한다고 해도 저작권에 위배되면 어떠한 형태로든 활용할 수 없다고 보면 된다. 그래서 아트 아카이브를 수집한 기관들은 기증, 구입을 비롯한 수집 활동을 하면서 아카이브에 대한 저작권을 해결한다. 가장 확실한 방법은 기증과 구입 모두 기증자 혹은 매도자에게 저작권 법률 검토를 완료한 저작권 이전 확약서, 동의서를 작성해서 기관이 확보하는 형태로 저작권 문제를 해결한다.

앞서 말했듯이, 아트 아카이브가 인공지능의 대용량 학습에 활용되는 시대에 디지털화 특성, 범주화된 특성을 모두 가지고 있는 아트 디지털 아카이브는 더욱 AI 크롤링을 통한 여러 데이터의 원천 소스로 구축하기 좋은 형태를 가지고 있다. 그러나 아트 아카이브를 서비스하는 기관에서 저작권을 확보해도 타인이 인공지능을 이용해서 데이터를 수집하고 다시 활용하는 것은 다른 문제로 불거질 수 있다.

만일 어떤 사람이 허락을 받지 않고 타인의 저작물을 사용한다면 저작권자는 그를 상대로 민사상의 손해배상을 청구할 수 있고, 침해자에 대한 형사상 처벌을 요구할 수도 있다. 저작권자는 일반적으로 저작권을 다른 사람에게 양도하거나 다른 사람에게 자신의 저작물을 사용할 수 있도록 허락함으로써 경제적인 대가를 받을 수 있다. 이러한 저작권의 경제적 측면을 저작재산권이라고 한다(문화체육관광부, 2024).

인공지능은 학습을 위해 많은 데이터를 필요로 하며, 이 과정에서 저작권으로 보호되는 저작물을 무단 전재로 이용하고 활용할 수 있다. 이용자가 인공지능 프로그램을 이용하여, 아트 아카이브의 자료를 무단으로 복제해서 새로운 자료를 만드는 경우 원작자의 저작권을 침해하는 것이다. 반대로, 아트 아카이브의 구축 과정에서 인공지능으로 인해 저작권을 위반할 수 있다.

아트 아카이브의 자료 수집 범위는 시각예술과 관련된 모든 자료로서, 작가에게 동의서를 받고 수합하는 자료만 아닌 모든 관련 자료를 포괄한다(강지성 · 권지연,

앞의 글, 2025). 그래서 인공지능을 활용한 아카이브 수집 역시 저작권법으로 검토해야 할 위험이 따를 수 있다. 아트 아카이브는 아직 정의조차 다소 불분명한 상황에서 작품의 이미지나 작가의 개인사 자료를 비롯한 논란이 따를 수 있는 자료도 수집 대상에 원칙적으로 포함이 된다. 작가의 시각예술에 관련된 포괄적인 범위를 가지고 있는 이상 불가피한 한계점이 있고, 민감한 자료를 인공지능으로 수집, 활용해 분쟁이 일어날 수도 있음을 유의해야 한다.

참고문헌

강지성·권지연(2025). "인공지능이 시각예술 아카이브 저작권에 미치는 영향 연구". 《문화산업연구》, 25(1), 23~37쪽.

문화체육관광부(2024). "저작권의 모든 것". https://www.mcst.go.kr/kor/s_policy/copyright/knowledge/know02.jsp

정한영(2025). "[AI 이슈] AI 크롤러로 과도한 데이터 수집… 위키미디어, 인프라 심각한 압박 직면". 인공지능신문. https://www.aitimes.kr/news/articleView.html?idxno=34488

한국저작권위원회. https://www.copyright.or.kr/

10
아키비스트와 AI 리터러시

아키비스트는 과거의 전통적인 개념을 벗어나 디지털 아키비스트라는 디지털 시대에 맞는 개념으로 진화하고 있다. 디지털 시대에 아키비스트는 제대로 쫓아가고 있을까?

AI와 미래 의사?

AI 리터러시와 아키비스트의 역량

디지털 리터러시(digital literacy)는 디지털 기술과 미디어를 활용하여 디지털 데이터 정보 콘텐츠를 소비, 분석, 관리, 활용, 생산하고 건강한 디지털 시민으로서 지혜롭게 관계 맺고 소통하며 개인 발전과 사회 발전을 균형 있게 도모하는 역량으로 즉, '디지털 시대를 살아가는데 필요한 모든 삶의 역량'으로 정의한다(디지털리터러시교육협회, 2025). 리터러시의 정의는 글을 읽고 쓸 줄 아는 능력을 가리키며, 교육 분야에서는 지식을 이해하고 활용하여 문제를 해결하고 그 해결에 지식을 적용하는 능력을 말한다. 디지털 리터러시는 넓게는 디지털을 이용한 삶의 역량이라면, 좁게는 디지털 환경에서 정보 기술을 효과적으로 다루는 능력으로 말할 수 있다(이주호 외, 2021).

그러면 AI 리터러시는 자연스럽게 AI 원리와 개념에 대한 이해부터 넓게는 AI를 활용하는 문제 해결 능력, 투명성, 설명성, 윤리성 등을 모두 포함하는 개념으로 정의할 수 있다. 만약 AI를 매개로 창의적, 독창적 행동을 한다고 하면 AI 리터러시를 통해 맺어진 역량 아래 활동하는 것이고, AI를 제대로 활용하고 더 많은 정보와 지식을 바탕으로 올바르게 소통하며 자신의 역량을 탐색하고 확장하는 데 필요한 능력이다(정유남 · 이영희, 2022).

아트 아카이브는 과거의 물성(物性) 기록물 중심의 전통적인 개념을 벗어났다. 전 국민이 스마트폰으로 디지털에 접근할 수 있는 세상에서 모든 기관의 디지털 아카이브 구축 및 운영은 필수적인 미션이다. 기관과 이용자 모두 디지털 아카이브를 잘 다루기 위한 능력을 요구받고 있다. 공공기관의 기록 관리 담당자들은 디지털 정보화 사업이 본연의 업무가 되는 경우가 많다. 아카이브 담당자의 역량은 시스템을 구축하는 용역 업체가 잘 수행할 수 있는 과업 지시서를 쓰는 역량을 요구받고 있는 것이 현실이다. 이러한 디지털 아카이브도 어쩌면 시대에 한발 뒤처지는 흐름일지 모른다. 이미 ChatGPT를 비롯한 AI 챗봇은 검색 엔진과 대화 기능을 갖추었으며, 이들의 데이터는 아카이브를 비롯한 공개 데이터로 구축하면서 다시 재생산하고 있다.

미국 아키비스트 협회(SAA)의 아트 아카이브 주요 전문 인력 직렬 정의에 Digital Archivist 직렬이 따로 존재하며, 직무 역량으로 디지털 관련 기록 정보 서비스, 디지털 아카이브 프로젝트팀에서 근무하면서 디지털 오디오 및 비디오 기록 관련 지식과 MARC · DACS를 비롯한 지식을 요구받는 것(이지은 · 김지현, 2024; SAA

Museum Archives Section Working Group Example)에 비하면 국내의 이상은 높지만 현실 체제는 따라가지 못하는 것일지 모른다.

국내 시각예술만 아닌 문화 예술 아카이브를 다루는 실무진의 능력 배양에 디지털 리터러시나 더 나아가 AI 리터러시를 행하는 기관은 많지 않다. 대형 기관은 사정이 다를 수 있으나, 대부분 중소형 기관은 담당자의 학습 역량에 맡겨지고 있는 것이 현실이다. 대학원에서 석사 및 박사 과정을 마치고 입직해도 현실 직장에서 요구하는 역량은 또 다른 문제다. 디지털 아카이브를 구축하는 디지털 아키비스트의 필요한 능력은 자료의 정보화, 컴퓨터 응용 프로그램 습득, 메타데이터 구축을 비롯한 업무에 필요한 또 다른 전문 지식이 필요하다. 현 시대의 AI는 자료를 수집하고 다시 가공해서 제공하고 있다. 아키비스트는 이용객이 몰려드는 아카이브를 구축해서 AI의 수집 기준에 눈에 띄는 자료로 제공하는 역량이 장차 매우 중요해질 수 있을 것이다.

예를 들어 문헌정보학을 전공한 담당자가 기록관리시스템 구축 및 관리와 같은 정보화 사업을 맡게 되면 정보 전산 계열의 지식이 필요할 수 있다. 몇몇 특성화 기관에 입사한 아키비스트는 미술이면 미술, 공연 예술이면 공연 예술 쪽 지식을 기관으로부터 요구받기도 한다. 아카이브 시스템에 AI 챗봇 기능을 도입하면 어느 정도 AI 챗봇에 대해 알면 좋을 것이다. AI 리터러시부터 이야기를 했지만, 아키비스트가 요구받는 역량은 생각 이상으로 폭넓을 수 있다. 아카이브 전문 인력의 역량으로 '디지털화 시대에 따른 보존 활용 등에 필요한 전문 지식'을 지적함과 함께 미술 시장, 메타버스, NFT(대체 불가능 토큰) 등 현 시점에 맞는 디지털 아키비스트 육성 및 이용자 관점에서 정보를 서비스하는 데 주안점을 둔 콘텐츠 개발을 발전시킬 수 있는 커리큘럼 개발로 타개하자고 제시하는 의견도 존재한다(이지은 · 김지현, 2024).

그래서 AI를 포괄하는 디지털 리터러시의 커리큘럼 개발이 필요하고, 이를 아키비스트의 역량 교육에 녹아내릴 필요성은 충분하다. 디지털 리터러시의 커리큘럼이 개발된다면 교육 수행 측면에서는 가장 먼저 디지털 리터러시를 가르칠 수 있는 인력 수급 및 전문성을 갖출 수 있는 인력 교육 제공, 디지털 리터러시의 모니터링을 통한 효과 평가를 통한 개선점 연구가 필요하다. 특히 문화 예술의 특성상 디지털 리터러시 교육 인력에 담당 문화 예술의 특성을 가르치는 교육은 필수로 제언한다.

제도적인 측면은 교육 기관과 주관처의 기관 간 연계

와 이를 체계적으로 수행할 수 있는 규정 마련이 필요하다(강지성 · 권지연, 2025). 사서 및 기록물관리사 같은 관련 자격증은 존재하나 현장에서는 업무의 보증 수표로 받아들이지 않고 있다. 갖가지 전문성을 갖춘 지식 없이 아트 아카이브의 아키비스트로 활동하기는 어려운 현실이다. 그래서 기록 관리 전공이 설치되어 있는 학교 혹은 유관 공공기관에서 아카이브의 개념, 활용과 같은 개론부터 실무적으로 나아가 저작권, 디지털 아카이브 개론, 디지털 아카이브 구축을 위한 실무, 정보화 개론 등을 아키비스트의 역량 배양에 도입할 것을 제언하는 바다. 인공지능이 발전하면서 본 고에서 말하는 범위는 더 확대될 가능성이 농후하다. 그래서 인공지능 기술 동향을 예의주시하면서 아카이브와 얼마나 결합할 수 있는지 실행하고 기록해야 할 것이다.

참고문헌

강지성·권지연(2025). “인공지능이 시각예술 아카이브 저작권에 미치는 영향 연구”. 《문화산업연구》, 25(1), 23~37쪽.

위키백과. “디지털리터러시교육협회”. https://ko.wikipedia.org/wiki/디지털리터러시교육협회

이주호 외(2021). 《AI 교육 혁명: 무엇을 배우고, 어떻게 가르쳐야 하나?》. 시원북스.

이지은·김지현(2024). “미술 아카이브 전문인력 활성화 방안에 관한 연구”. 《한국기록관리학회지》, 24(1), 1~29쪽.
정유남·이영희(2022). “인공지능 콘텐츠를 활용한 국어과 융합 교육 사례 연구”. 《학습자중심교과교육연구》, 22(5), 681~705쪽.

강지성

홍익대학교 문화예술경영 석사를 졸업하고, 동 대학 박사과정을 수료했다. (재)예술경영지원센터, 대한민국역사박물관 등에서 작가 디지털 아카이브 및 소장품 관련 업무를 수행했다. 서울특별시 박물관미술관진흥정책심의위원과 한국문화예술위원회, 한국콘텐츠진흥원 등의 자문위원으로 활동하고 있다. "박물관 도슨트 역량에 대한 전시 관람 의도에 미치는 영향: 인공지능 로봇 도슨트 효과를 중심으로"(2024), "(재)예술경영지원센터의 원로작가 디지털 아카이빙 지원 사업 개선 방안 고찰"(2024), "인공지능이 시각예술 아카이브 저작권에 미치는 영향 연구"(2025) 등 논문을 등재 학술지에 게재했다.